Anselm Grün

33 Schutzengel
für alle Fälle

W0191718

Editorische Notiz:
Die Texte dieses Buches erschienen zuerst unter dem Titel
„Der Stressengel und andere himmlische Boten im Alltag".

Neuausgabe 2021

© Verlag Herder GmbH, Freiburg im Breisgau 2012
Alle Rechte vorbehalten
www.herder.de

Umschlagdesign: Sabine Hanel, Gestaltungssaal
Umschlagmotive: © abracadabra/shutterstock.com, Wilm Ihlenfeld/shutterstock.com

Satz und Gestaltung: Chris Langohr Design, March
Innenillustrationen: © Ala Sharahlazava/shutterstock.com, ann1911/shutterstock.com,
Derplan13/shutterstock.com, DODOMO/shutterstock.com, Eva_art/shutterstock.com,
Gwens Graphic Studio/shutterstock.com, JustArtNina/shutterstock.com,
Keya/shutterstock.com, Lana Nikova/shutterstock.com, line art drawing/shutterstock.com,
LivDeco/shutterstock.com, lkidogoooo/shutterstock.com, LuckyStep/shutterstock.com,
Maria V Smirnova/shutterstock.com, MegaShabanov/shutterstock.com, Mikhail Gnatuyk/
shutterstock.com, nasharaga/shutterstock.com, NikVector/shutterstock.com, OlekStock/
shutterstock.com, Olga Rai/shutterstock.com, Omerta/shutterstock.com, OneLineStock/
shutterstock.com, Retany/shutterstock.com, samui/shutterstock.com,
Simple Line/shutterstock.com, Singleline/shutterstock.com, tetiana_u/shutterstock.com,
tutsi/shutterstock.com, Valenty/shutterstock.com, Yanina Nosova/shutterstock.com

Herstellung: Graspo, Zlín
Printed in the Czech Republic

ISBN 978-3-451-03325-4

Anselm Grün

33
Schutzengel
für alle
Fälle

Himmlische Helfer,
die jeder mal braucht

Herausgegeben von
Anton Lichtenauer

HERDER

FREIBURG · BASEL · WIEN

Inhalt

Einleitung

Es gibt Situationen im Leben, da braucht man einfach einen Engel. Das sind keineswegs nur die großen Schrecken, sondern auch die Unebenheiten, die ganz normalen Plagen und die unvorhergesehenen kleinen Tücken und Nöte des Alltags: Wenn man etwa im Stau steht und nicht weiterkommt, obwohl der nächste Termin schon wartet. Wenn alles viel zu kompliziert wird, die Anforderungen von allen Seiten auf einen einstürzen, die Umgebung die Nerven strapaziert und der Stress wieder einmal alle innere Ruhe vertreibt. Wenn der Computer plötzlich abstürzt und eine Datei verloren scheint, an der man lange gearbeitet hat. Wenn man sich erschöpft und ausgelaugt fühlt. Wenn einen die Müdigkeit überfällt, obwohl doch noch so viel zu tun wäre. Oder auch nur, wenn man nachts wach liegt und der Schlaf einfach nicht kommen will.

Ich habe in früheren Büchern Engel beschrieben, die uns mit Haltungen in Berührung bringen, aus denen heraus wir unser Leben bewältigen können: Versöhnung, Vertrauen, Liebe, Mut und andere. In dem vorliegenden Buch habe ich versucht, andere Engel zu beschreiben. Es sind Engel, die in solch schwierigen und holprigen Situationen auftauchen und diese Situation verwandeln: der Stress-Engel etwa, der mir einen neuen Blick auf das erlaubt, was mich da innerlich unter Druck setzt, der Engel der Müdigkeit, der mir erlaubt, müde zu sein, und der die Erschöpfung in eine gute Müdigkeit verwandelt, oder der Engel der Schlaflosigkeit, der mir, wenn ich nachts wach liege, zu verstehen gibt, dass ich nicht allein bin, der also in meine Schlaflosigkeit hineinkommt und sie so verwandelt, dass sie mich nicht mehr bedrückt oder ängstigt.

Wenn wir in solchen schwierigen Situationen Gott bitten, uns einen Engel zu schicken, dann drücken wir damit unser Vertrauen aus, dass er uns auch bei alltäglichen Problemen nicht alleinlässt. Er schickt uns den Engel, den wir jetzt brauchen, damit eine schwierige Situation sich für uns verwandelt, damit wir auch Schwierigkeiten mit anderen Augen anschauen.

Dabei ist es klar, dass wir hier bildhaft von Engel sprechen. Engel sind Boten Gottes und personale Mächte, sagt die Theologie. Man kann sie also nicht wie Personen vereinzeln, man kann sie nicht aufzählen und sagen, wie viele Engel es gibt. Der Engel kann ein Impuls sein, der aus unserem Inneren kommt. Oder er kann in der Begegnung mit einem anderen Menschen wirksam werden.

Gott schickt uns jeweils den Engel, der in unsere Situation passt und der mit uns spricht und der uns so mit unserer eigenen Seele in Berührung bringt.

Das Gespräch mit dem Engel ist – so zeigt es auch die Antike – immer auch ein Gespräch mit dem eigenen Seelenbegleiter, mit der eigenen Seele. Wir bleiben nicht im Negativen, im Schimpfen, im Ärger, in der Resignation stecken. Wir wenden uns in dieser Situation an den Engel, der bei uns ist, der uns mit dem Potenzial in Berührung bringt, das in unserer Seele bereitliegt. Gott selbst hat es uns als Gabe geschenkt. Wir selber aber übersehen es oft genug und schneiden uns oft selbst von diesem positiven Potenzial ab, weil wir zu sehr auf bloße Äußerlichkeiten fixiert sind, auf die Umstände, die wir nicht ändern können, oder auf das Ärgerliche der jeweiligen Situation.

Wenn ich in diesem Buch von den vielen Engeln spreche, die wir in den Tücken und Holprigkeiten des Alltags um Hilfe bitten können, dann meine ich damit auch: Ich muss mich nicht nur auf mich selbst verlassen. Ich bin nicht darauf angewiesen, krampfhaft den Versuch zu machen, aus eigener Kraft etwas zu ändern. Ich muss nicht alles selber ändern.

Schon diese Vorstellung macht mich gelassener: Da gibt es einen hilfreichen Engel, der mich auf neue Möglichkeiten, auf neue Sichtweisen hinweist, der die Situation auf einmal von innen her verwandelt. Gerade Situationen des Missgeschicks oder ärgerlicher Unebenheiten im Alltag sind wunderbare Gelegenheiten, darauf zu vertrauen, dass wir nicht allein vor den Problemen stehen, dass Gott einen Boten schickt, einen Impuls gibt – ein Zeichen, eine leise Botschaft, die die Wirklichkeit verändert und verwandelt.

Unsere Aufgabe ist es nur, achtsam und wachsam zu sein und auf die leisen Impulse zu hören, die der Engel in unserem Herzen anklingen lässt. Unser Leben wird einfacher, wenn wir darauf hören und uns darauf einlassen.

So wünsche ich Ihnen, dass Sie in jeder Situation, und sei sie noch so schwierig, spüren: Da ist ein Engel bei mir. Und wenn Sie auf diesen Engel hören, der bei Ihnen ist, der in Ihrer Seele ist, wird jede Situation Ihres Lebens verwandelt werden. Und Sie werden spüren, dass Sie durch all diese Situationen hindurch – auch durch den Ärger, durch die Müdigkeit oder durch den Stress hindurch – anders ins Leben kommen können.

1. Der Heimweh-Engel

Der Heimweh-Engel möchte uns in den inneren Raum der Heimat hineinführen.

*K*indheit und Heimat sind besonders miteinander verbunden. Jeder erlebt das anders und jeder geht auch emotional anders damit um, wenn er, aus welchen Gründen auch immer, die Heimat der Kindheit verlassen muss. Bei dem, was wir als Heimat empfinden, spielt vieles eine Rolle: nicht nur frühe Erfahrungen und vertraute Menschen, sondern auch bestimmte Orte, die Umgebung, die man kennt, die Sprache, mit der man groß geworden ist, sogar Gerüche, Klänge, Berührungen, kurz: alles, was mit dem Gefühl des Aufgehobenseins und der Geborgenheit verbunden ist. Jeder erlebt das auf seine Weise und macht seine eigenen Erfahrungen.

Ich kam mit zehn Jahren ins Internat nach St. Ludwig. Mein Vater und mein Onkel brachten mich mit dem Auto von München in dieses unterfränkische Internat, das abseits von Städten und Dörfern lag. Als sie wieder heimfuhren und ich allein zurückblieb, überfiel mich auf einmal ein tiefes Heimweh. Die vertraute Umgebung, in der ich aufgewachsen war, meine Familie, in der ich mich wohlfühlte, all das fehlte mir plötzlich sehr. Ich fühlte mich fremd in dieser Umgebung, in der man eine für mich so fremde und kaum verständliche Sprache sprach. Da hieß es, dass man auf dem Spielplatz Fußball spielte. Sofort rannte ich hin und kämpfte leidenschaftlich mit beim Spiel um den Ball. Das hat mein Heimweh verwandelt. Es war der Heimweh-Engel, der mir mitten im Heimweh den Weg zeigte, mich selbst zu spüren, bei mir selbst daheim zu sein. Fußballspielen, das war mir vertraut, das konnte ich. Da konnte ich den anderen zeigen, dass ich nicht nur klein war, sondern auch flink und geschickt, dass ich den anderen den Ball abjagen und Tore schießen konnte. Der Heimweh-Engel hat mir gezeigt, was mir mein Heimweh nehmen oder was es zumindest lindern konnte.

Viele Menschen verlassen heute ihre Heimat. Wir leben in einer Zeit, die nicht nur in fernen Ländern Migration, Vertreibung und Flüchtlingselend kennt. Sie verlangt auch hierzulande von jungen Menschen Flexibilität, Mobilität und die Bereitschaft, den vertrauten Ort der Geborgenheit und des gewohnten sozialen Umfelds zu verlassen, um etwa eine Arbeitsstelle zu finden. Der Verlust wird je nach Situation oft auch stark empfunden. Diese Menschen spüren das Heimweh. Nicht nur als nostalgische Sehnsucht, sondern als Schmerz.

So wünsche ich allen, die an Heimweh leiden, wenn sie an einem fremden Ort arbeiten oder leben müssen, wenn sie ihre Familie und das vertraute Umfeld verlassen, den Heimweh-Engel. Er möge sie in Berührung bringen mit der inneren Heimat, mit dem, was ihnen vertraut ist. Es mag das Fußballspiel sein. Es mag die Musik sein, das Theater, das ich mir anschaue. Es mag die schöne Natur sein, in der ich mich daheim und geborgen fühle. Es mag ein Mensch sein, der Ihnen Nähe vermittelt. Der Heimweh-Engel zeigt uns mitten in der Fremde den inneren oder äußeren Ort, an dem wir uns daheim fühlen können. Er bringt uns in Berührung mit der inneren Heimat, die jeder in sich trägt. Denn dort, wo das Geheimnis in mir wohnt, vermag ich auch daheim zu sein. In uns ist ein Raum der Stille, in dem Gott als das unbeschreibliche Geheimnis wohnt.

Der Heimweh-Engel möchte uns in diesen inneren Raum der Heimat hineinführen. Dann vergeht das Heimweh, dann fühlen wir uns mitten in der Fremde daheim, weil das Geheimnis selber in uns wohnt. Manchmal kommt der Heimweh-Engel aber auch in Gestalt eines Menschen zu uns. Dieser Mensch gibt mir mitten in der Fremde das Gefühl von Angenommensein und Heimat. Und vielleicht möchte Gott auch mich selbst zu manchem schicken, der an Heimweh oder Einsamkeit in der Fremde leidet, dass ich für ihn zum Engel werde, der ihm Heimat schenkt.

2. Der Kopfweh-Engel

*Der Kopfweh-Engel möchte mich anleiten,
gelassener zu werden, maßvoller mit mir umzugehen,
besser auf das Maß zu achten, das mir angemessen ist,
und mich weniger unter Druck zu setzen.*

Wer kennt das nicht: Nach einer langen und ermüdenden Sitzung, die anstrengend war und auch nicht ohne Konflikte verlaufen ist, komme ich mit Kopfschmerzen nach Hause. Oder: Eben ging es mir doch noch gut, aber wie aus heiterem Himmel überfällt mich eine Migräne, sodass ich an gar nichts anderes mehr denken kann. Ich versuche, mich zu entspannen. Aber es hilft einfach nicht. Den schnellen Griff zur Tablette möchte ich auch vermeiden. Aber ich kann das Kopfweh nicht loswerden. Es ärgert mich, denn es hindert mich am konzentrierten Arbeiten. Es nimmt mir das Wohlgefühl. Ich kann mich nicht so, wie es nötig wäre, auf die Arbeit, aber auch nicht auf ein Gespräch einlassen. Eigentlich möchte ich für mein Gegenüber aufmerksam und präsent sein – und kreise doch nur um den stechenden Schmerz, der mich nicht loslässt. Je mehr ich mich darauf konzentriere, desto schlimmer wird es. Ich möchte das lästige Kopfweh loswerden. Aber es lässt sich einfach nicht abschütteln.

Da sehne ich mich danach, dass Gott einen Engel schickt. Ich nenne ihn den Kopfweh-Engel. Am liebsten wünsche ich mir, dass der den lästigen Schmerz schnell und sanft wegnimmt, damit ich mich wieder frei fühle. Aber diesen Gefallen tut mir der Kopfweh-Engel nicht immer. Gott schenkt mir diesen himmlischen Boten nicht als Magier, der den Schmerz einfach wegzaubert. Er schickt ihn mir als Begleiter, der mich mahnt, innezuhalten.

Der Engel möchte mir zeigen, dass mein Kopfweh einen Sinn hat. Er möchte mit mir sprechen und mich darauf aufmerksam machen, dass ich mich so oft unter Druck setze, dass ich alles mit dem Kopf lösen möchte, dass ich alles kontrollieren möchte. Dieser Engel zeigt mir also, dass ich mir wieder zu viel zugemutet, allzu viel aufgeladen habe, und dass ich so mein Maß überschritten habe. Wenn ich auf ihn höre, dann erfahre ich etwas Wichtiges: Der Kopfweh-Engel möchte mich anleiten, gelassener zu werden, maßvoller mit mir umzugehen, besser auf das Maß zu achten, das mir angemessen ist, und mich weniger unter Druck zu setzen. Ich soll die Dinge einfach einmal geschehen lassen und nicht meinen, ich müsste alles unter Kontrolle haben. Manchmal bin ich in auch in Versuchung, den Kopfweh-Engel unter Druck zu setzen, damit er mich möglichst schnell von meinem Kopfweh befreit. Doch er lässt sich nicht von mir manipulieren. Er weiß, was er will. Er möchte mir einen Hinweis geben, benutzen lässt er sich nicht. So wünsche ich Ihnen, dass Sie sich nicht über Ihr Kopfweh ärgern, sondern es immer zum Anlass nehmen, den Kopfweh-Engel zu bitten, zu Ihnen zu kommen. Dann werden Sie gemeinsam mit ihm Ihr Kopfweh anschauen. Und vielleicht berührt der Kopfweh-Engel Sie auch sanft an der schmerzenden Stelle. Dann wird es nicht mehr so wehtun.

3. Der Engel der Ungeduld

Der Engel der Ungeduld lädt mich ein,
die Zeit des Wartens als meine Zeit zu sehen:
Zeit, die mir gehört.

Wenn ich in einer Schlange stehe – an der Kasse im Supermarkt, vor dem Fahrkartenschalter, bei der Passkontrolle –, dann spüre ich, wie leicht da auch in mir die Nervosität hochkommt. Ich überlege, ob ich nicht besser in die andere Schlange wechseln soll, weil es da schneller geht. Oder ich werde ungeduldig, wenn ein Mitarbeiter oder ein Mitbruder etwas nicht versteht oder für meinen Begriff viel zu langsam ist bei allem, was er tut.

In solchen Situationen wünsche ich mir den Engel der Ungeduld: Engel wollen uns mit dem Potenzial in Berührung bringen, das in unserer Seele vorhanden ist. Der Engel der Ungeduld möchte uns jedoch nicht mit der eigenen Ungeduld in Berührung bringen. Er geht vielmehr hinein in unsere Ungeduld. Er begleitet uns, wenn wir ungeduldig sind.

Der Engel der Ungeduld ist einer, der es aushält, wenn meine Nerven anfangen zu flattern und der mir leise auf die Schulter tippt und sagt: „Warum so ungeduldig? Nimm doch einfach die Zeit jetzt in der Warteschlange. Es ist geschenkte Zeit. Du kannst dich spüren. Es ist eine wunderbare Gelegenheit, wieder in deine Mitte zu kommen. Hast du wirklich so viel zu tun? Auch wenn du das meinst – dann gönne dir jetzt die Pause, die dir das Warten beschert." Der Engel der Ungeduld hält mir einen Spiegel vor die Augen. Er möchte, dass ich in diesen Spiegel schaue und mich frage, warum ich eigentlich so ungeduldig bin. Dann erkenne ich, dass ich mich oft unnötig unter Druck setze, dass es auf die paar Minuten Warten nicht ankommt, dass jeder an die Reihe kommt. Im Spiegel sehe ich, wie lächerlich

ich mich verhalte. Nur wegen weniger Minuten steigere ich mich in Ungeduld und Ärger hinein. Wenn ich ständig darauf fixiert bin, ob die Vorderleute sich nicht beeilen könnten, dann wird die Zeit des Wartens keine geschenkte Zeit, sondern eine vertane Zeit. Der Engel der Ungeduld, der bei mir ist, wenn ich gerade wieder ungeduldig bin, hat Humor. Er möchte mich auf augenzwinkernde Weise darauf aufmerksam machen, dass es sich nicht lohnt, ungeduldig zu sein. Er verwandelt das Warten, damit es keine ungute Ungeduld in mir auslöst, sondern ein gutes Warten wird.

Dieser Engel stellt Ihnen Fragen: Er fragt Sie, was Sie so ungeduldig und unruhig macht. Und er ermuntert Sie, in Ihre Ungeduld hineinzuhorchen. Was für Bilder, welche Erinnerungen kommen da in mir hoch? Warum bin ich so nervös? Es hilft nicht, wenn Sie sich einfach vornehmen, geduldig oder ruhig zu sein. Die Ungeduld ist für Sie wie ein Tor, durch das Sie gehen sollen, um sich selbst besser kennenzulernen.

Wenn Sie die tieferen Ursachen Ihrer Ungeduld erkennen, dann können Sie überlegen: Was hilft mir, ruhiger zu werden? Der Engel zeigt es Ihnen: Wenn Sie ganz bei sich sind, dann werden die anderen Dinge, die Sie beunruhigen, nicht mehr so wichtig sein.

Der Engel der Ungeduld sagt Ihnen, dass Sie nicht gegen die Ungeduld ankämpfen, sondern freundlich mit ihr umgehen und sie immer wieder befragen sollen. Im Gespräch mit ihr können Sie dann sagen: „Ja, da bist du. Ich kenne dich. Aber jetzt darfst du mal warten. Jetzt brauche ich dich nicht. Jetzt bin ich bei mir und genieße es, mich zu spüren und bei mir zu sein."

Der Engel der Ungeduld lädt mich also ein, die Zeit des Wartens als meine Zeit zu sehen: Zeit, die mir gehört. Jetzt ist der Moment, in dem ich alle Zeit der Welt habe, um den Augenblick zu genießen. Jetzt kann ich mit mir selber in Berührung kommen. Ich kann auf mich warten, auf meine Seele, damit sie zu Wort kommt, in diesem Augenblick.

4. Der Engel des Lächelns

*Der Engel des Lächelns beschenkt Sie
gerade dann, wenn Sie selbst für einen
anderen zum Engel geworden sind.*

Ein freundliches Lächeln sei die schnellste Brücke zwischen den Menschen. Das habe ich kürzlich irgendwo gelesen. Und Mutter Teresa hat einmal gesagt: „Lächeln ist der Anfang der Liebe." Dieser Satz fiel mir ein, als ich nach einem Vortrag, bei dem ich mit vielen Menschen gesprochen hatte, wieder nach Hause unterwegs war.

Ich unterbreche meine nächtliche Fahrt und gehe in eine Raststätte an der Autobahn, um einen Cappuccino zu trinken. Ich bin müde und muss noch zwei Stunden fahren, bis ich dann weit nach Mitternacht in meinem Kloster ankomme. Ich möchte möglichst schnell meinen Cappuccino kaufen und ihn mit ins Auto nehmen. Doch vor mir sind ein paar Leute an der Kasse, die umständlich sind und erst in allerlei Taschen kramen müssen, bevor sie bezahlen können. Ich spüre die Ungeduld in mir. Doch als ich dann schließlich an die Reihe komme, lächelt mich die Frau an der Kasse an. Das Lächeln verwandelt alle Ungeduld. Jetzt geschieht Begegnung. Ich begegne einer Frau, die mitten im Trubel des Geschäfts und am Ende eines sicher auch für sie langen Tages ihre Kunden anlächelt. Sie erscheint mir wie ein Engel.

Solche Engel des Lächelns bräuchten wir öfter. Gerade dann, wenn wir ungeduldig sind und nervös werden. Wenn innerlich in uns etwas zu brodeln anfängt und unsere Mienen sich verfinstern, weil wir uns über irgendetwas ärgern. Der Engel des Lächelns verzichtet auf einen erhobenen Zeigefinger, er mahnt uns nicht, unsere finstere Miene aufzuhellen. Indem er uns einfach anlächelt, verwandelt sich unser Blick wie von selbst.

Da können wir nicht mehr weiter so grimmig dreinschauen. Da löst sich auch in unserer Seele etwas, und das lässt auch unser Gesicht anders erscheinen. Ich wünsche Ihnen immer dann, wenn Sie mit sich selbst unzufrieden, ungeduldig, hart sind, einen Engel des Lächelns, der gar nichts von Ihnen will, sondern Sie einfach nur anlächelt. Das verwandelt diesen Augenblick. Sie kommen wieder mit sich selbst in Berührung, Sie finden wieder zu sich zurück, wenn Sie der Ärger aus sich herausgeführt hat. Und weil Sie mit sich in Berührung kommen, werden Sie auch fähig, nun selber zu lächeln und für andere zum Engel des Lächelns zu werden. Und wenn Sie für andere zum Engel des Lächelns werden, werden Sie selbst beschenkt. Sie spüren, dass es Ihnen selbst guttut. Das Lächeln entspannt Ihre Mundmuskeln. Es verwandelt Ihre Stimmung. Der Engel des Lächelns beschenkt Sie gerade dann, wenn Sie selbst für einen anderen zum Engel geworden sind.

5. Der Stress-Engel

Der Stress-Engel schenkt mir mitten in den vielen Anforderungen des Tages Gelassenheit.

*S*tress ist heute fast überall anzutreffen, im Beruf, in der Familie, in Beziehungen. Immer wieder höre ich die Klage: Ich bin so kaputt! In der Arbeit werde ich ausgepowert, und auf allen Seiten gibt es immer nur Druck und Hektik. Alle wollen ständig etwas von mir. Und natürlich möchte ich auch selber immer perfekt sein. Und kaum komme ich von meinem anstrengenden Bürotag heim, da geht der Stress mit den Kindern gleich weiter. Die Kinder sind gerade in einer kritischen Phase, wo sie mir viel Ärger bereiten, wo es ständig Zoff und Konflikte gibt. Und der Partner ist mir auch keine Hilfe.

In Zeiten solcher Belastung bräuchte ich den Stress-Engel.

Der Stress-Engel bewahrt mich nicht vor jeder Anspannung. Aber wenn ich ihn bitte, wird er im Stress zu mir kommen und mir mit einem Lächeln sagen: Musst du dir wirklich selber so viel Druck machen? Es geht doch auch ohne. Der Stress ist doch gar nicht objektiv vorhanden. Du bringst dich selber so in die Anspannung, in die Überforderung. Du setzt dich selbst so unter Druck. Du gibst allem, was du tust, immer gleich eine Note. Und du findest nie gute Noten für dich. Nimm doch alles etwas gelassener. Halte einfach einmal inne und schau auf mich! Ich lächle dich an und berühre dich an deinem angespannten Nacken, an deinen zusammengezogenen Muskeln, damit du dich entspannst und dich einfach spürst. Dann wirst du merken: Es ist doch alles nicht so wichtig. Sei einfach ganz im Augenblick. Schau die Probleme in der Arbeit an, schaue die Kinder mit ihrem Chaos an und lächle sie an, so wie ich dich anlächle. Du wirst sehen: Dann löst sich der größte Stress im Handumdrehen

auf. Du wirst erkennen: Ich kann es ja wirklich auch gelassener angehen. Ich muss mich nicht hineinsteigern in den Stress. Ich mache eines nach dem anderen. Dann fühle ich mich nicht gestresst.

Ich schaue immer nach dem Stress-Engel, der sich von meinem Stress nicht beeindrucken lässt, sondern lächelnd zusieht, bis ich auch beginne zu lächeln und mir lächelnd selber zuschaue. Dann löst sich der Druck auf. Der Stress-Engel schenkt mir mitten in den vielen Anforderungen des Tages Gelassenheit.

6. Der Engel
der Rührung

Wenn ich gerührt bin, komme ich
in Berührung mit mir selbst, mit meiner
Seele, mit Gefühlen, die in mir sind,
die ich aber verdrängt hatte.

*E*s gibt Menschen, die schämen sich, wenn sie bei einem Gespräch, das ihnen zu Herzen geht, oder bei einer Erinnerung, die plötzlich hochkommt, so gerührt sind, dass sie am liebsten ihren Tränen freien Lauf lassen möchten. Andere haben ein schlechtes Gewissen, wenn das Happy End eines Films, eine wunderbare oder auch schmerzliche Liebesgeschichte oder ein emotionales Musikstück sie innerlich aufwühlt und zu Tränen bewegt. Sie möchten ihre Gefühle lieber unter Kontrolle haben und erlauben sich solche Emotionen nicht. Sie bewerten sich selber abschätzig. Und sie sagen dann oft, sie würden zum Kitsch neigen, seien rührselig oder hätten zu nahe am Wasser gebaut, wenn sie dieses typische Gefühl von Glück und tiefer Sehnsucht in sich verspüren: ein Gefühl, das unter die Haut geht und freilegt, was zugeschüttet schien. Doch Rührung ist etwas Gutes. Das deutsche Wort „rühren" hat ja verschiedene Bedeutungen. Es kann heißen: etwas vermischen. Aber auch: etwas bewegen, in Bewegung setzen. Von dieser zweiten Bedeutung her leitet sich unser heutiges Verständnis von Rührung ab: die innere Bewegung, Erregung. Wenn ich gerührt bin, geht mir etwas zu Herzen, ich werde innerlich bewegt. Wenn ich von einem Wort gerührt werde, vermischt sich meine Stimmung mit der Stimmung, die der andere durch sein Sprechen mir mitteilt. Ich habe Anteil an seiner Stimmung. Und wenn ich gerührt werde, werde ich auch bewegt. Ich werde bewegt, aus mir und meiner Verschlossenheit herauszugehen und mich auf den anderen, auf sein Wort, auf seine Emotion einzulassen. Ich kann mich aus dieser Bewegung heraus aufmachen und die Welt mit neuen, offenen

Augen sehen. Und ich werde bewegt, etwas zu tun, anders zu handeln als bisher. Und wenn ich gerührt bin, komme ich in Berührung mit mir selbst, mit meiner Seele, mit Gefühlen, die in mir sind, die ich aber verdrängt hatte. Letztlich komme ich in Berührung mit dem inneren Reichtum meiner Seele.

Wenn Sie das nächste Mal gerührt oder berührt sind, dann verurteilen Sie sich nicht. Vertrauen Sie lieber darauf, dass der Engel der Rührung Sie berührt, damit Sie mit sich selbst und mit allem, was in Ihrer Seele bereitliegt, in Berührung kommen. Dann sind Sie ganz bei sich. Dann erleben Sie sich nicht nur als jemanden, der halt irgendwie funktioniert, der irgendwie dahinlebt. Sondern Sie erfahren sich als einen lebendigen Menschen, als einen ganz besonderen Menschen, der wertvolle Gefühle in sich hat, und als einen Menschen, der mit sich selbst in Berührung ist und mit den Menschen, denen Sie begegnen.

7. Der Engel der Schlaflosigkeit

Sobald ich mit dem Engel der Schlaflosigkeit spreche, leide ich nicht mehr so daran, dass ich wach liege. Ich spüre, dass ich nicht allein bin.

$\mathcal{D}$er eine schläft, der andere wacht, das ist der Lauf der Welt. So heißt es bei Shakespeare. Aber nicht jeder empfindet es so gelassen. In Gesprächen höre ich oft von Menschen, dass sie unter ihrer Schlaflosigkeit richtiggehend leiden. Manche können nicht einschlafen. Sie liegen da und empfinden ihre Unfähigkeit als Tortur. Andere schlafen ein, wachen aber nach zwei oder drei Stunden wieder auf und liegen dann wach. Sie wälzen sich hin und her, sie möchten unbedingt wieder schlafen. Sie bemühen sich krampfhaft darum einzuschlafen – und vertreiben gerade dadurch die innere Ruhe. Sie haben Angst, am nächsten Morgen nicht genügend ausgeruht zu sein.

Andere fühlen sich in der Schlaflosigkeit allein. All die dunklen Gedanken, die Ängste und Traurigkeiten, die sie tagsüber wegschieben konnten, suchen sie heim.

Da täte ihnen der Engel der Schlaflosigkeit gut. Er lässt sie nicht allein, wenn sie nicht schlafen können. Er kommt zu ihnen, hält es aus mit ihnen. Mit diesem Engel der Schlaflosigkeit könnte der Schlaflose sprechen: „Was willst du mir sagen? Worauf willst du mich hinweisen? Soll ich die Zeit nutzen, über mich und mein Leben vor Gott nachzudenken? Oder soll ich für andere beten?"

Sobald ich mit dem Engel der Schlaflosigkeit spreche, leide ich nicht mehr so daran, dass ich wach liege. Ich spüre, dass ich nicht allein bin, sondern dass der Engel bei mir ist. Er zeigt mir, dass meine Schlaflosigkeit einen Sinn hat. Der Engel weist mich darauf hin, über das nachzudenken, was mein Leben wirklich ausmacht. Und er zeigt mir, dass ich nicht allein bin, sondern dass diese Schlaflosigkeit eine wertvolle Zeit sein kann. Der Engel der Schlaflosigkeit möchte mich inspirieren, mein Leben mit neuen Augen anzuschauen. Wenn ich mit dem Engel der Schlaflosigkeit ehrlich gesprochen habe, dann wird er mich unmerklich in den Schlaf wiegen. Ich merke gar nicht, dass ich schlafe. Aber wenn ich am Morgen aufwache, spüre ich, dass ich doch geschlafen habe und trotz der schlaflosen Stunden fröhlich und erholt aufstehen und mit neuem Elan meinen Tag beginnen kann.

8. Der Engel der Niedergeschlagenheit

Der Engel der Niedergeschlagenheit
ist der Engel, der uns nicht allein lässt,
wenn wir den Kopf hängen lassen
und traurig sind.

*M*anchen Menschen merkt man schon an ihrer äußeren Haltung ihre Niedergeschlagenheit an. Sie haben die Augen niedergeschlagen. Sie gehen gebeugt umher. Man spürt, dass sie etwas bedrückt. Ein verletzendes Wort hat sie „niedergeschlagen", im buchstäblichen Sinn, und zu Boden geworfen. Vielleicht war es eine große Enttäuschung, die sie erlebt haben. Auch die Ohnmacht, mit einem Kollegen oder einer Kollegin bei der Arbeit gut auszukommen, eine innere Erschöpfung, das Gefühl der Kraftlosigkeit oder die Empfindung eigener Wertlosigkeit kann der Grund sein.

In solchen Situationen sehnen wir uns nach dem Engel der Niedergeschlagenheit. Es ist der Engel, der uns nicht allein lässt, wenn wir den Kopf hängen lassen und traurig sind. Es ist der Engel, der uns nach dem Grund unserer Niedergeschlagenheit fragt. Und indem er uns fragt und wir ihm zu antworten suchen, wird das, was uns niedergeschlagen hat, schon nicht mehr so schlimm. Manches klärt sich allein durch das Reden.

Der Engel der Niedergeschlagenheit macht uns keine Vorwürfe. Er geht mit uns durch unsere gedrückte Stimmung. Aber indem er zu uns steht und mit uns geht, uns über unsere Situation sprechen lässt, richtet er uns allmählich auf. Und wenn wir eine Zeit lang mit dem Engel der Niedergeschlagenheit spazieren gegangen sind, gehen wir auf einmal aufrechter.

Der Engel hat uns aufgerichtet. Und die Last, die uns niedergebeugt hat, fällt von uns ab. Ich wünsche Ihnen immer dann, wenn Sie den Kopf hängen lassen, den Engel der Niedergeschlagenheit, der Ihnen den Rücken stärkt, der sanft über Ihren Rücken streichelt, bis Sie von alleine den Impuls spüren, sich aufzurichten und aufrecht ins Leben zu schreiten.

9. Der Engel der Langeweile

Der Engel der Langeweile
will dich mit deinem Herzen
in Berührung bringen.

*N*icht nur Schüler im Unterricht machen diese Erfahrung: Die Gedanken schweifen einfach ab, weil ihre Aufmerksamkeit vom Stoff, den der Lehrer vorträgt, nicht gefesselt wird. Wir empfinden einen Film oder ein Theaterstück oft als langweilig, wenn uns nicht anspricht, was da gezeigt wird. Ein Buch kann uns langweilen oder das Zusammensein mit jemandem, der uns „nichts sagt". Wir finden ein Gespräch oder einen Vortrag, die uns nicht inspirieren, langweilig. Am Sonntagnachmittag langweilen wir uns, weil nichts passiert.

Das Wort „Langeweile" ist zusammengesetzt aus Lange und Weile, das eigentlich „Ruhe, Rast, Pause" bedeutet. Das ist also zunächst ein positiver Begriff. Aber wenn die Ruhe zu lange dauert, wird sie langweilig. Wir empfinden sie als öde und negativ, weil scheinbar „nichts los" ist. Als „Windstille der Seele" hat Nietzsche diesen Zustand auch einmal bezeichnet. Doch die Langeweile in diesem negativen Sinn hat weniger mit der langen Zeit zu tun, sondern mit einer Unfähigkeit, ganz bewusst in der Zeit zu sein. Wenn ich ganz im Augenblick bin, ist er nicht langweilig. Aber wenn ich mit mir selbst nichts anzufangen weiß, wird mir langweilig, auch wenn ich nur für einige Minuten allein bin oder mal in den Zwischenräumen der Arbeit nichts los ist. Die Langeweile ist also immer Ausdruck der Seele. Der Seele ist es langweilig, weil sie unfähig ist, die Weile, die Ruhe, die Pause zu genießen. Sie steht unter Druck, immer etwas leisten zu müssen. Sie empfindet Leere, weil die Zeit von Ansprüchen, Terminen, Aufgaben, die uns sonst auf Trab halten, frei ist.

Der Engel der Langeweile will uns in dieser Situation der Langeweile begleiten, damit die lange Weile eine gute Zeit für uns wird, eine Zeit des Aufatmens, der Erholung, eines schöpferischen Neuen, das in uns zum Ausdruck kommen will. Die „Windstille der Seele" kann auch der Anfang von etwas Neuem sein. Wenn dir also wieder einmal bei einer Gesellschaft, bei einem Film, an einem Sonntagnachmittag langweilig wird, dann stell dir vor, dass der Engel der Langeweile bei dir ist. Er bewahrt dich davor, dass du dich völlig gegen die Langeweile verschanzt. Denn dann schottest du dich auch gegen dich selbst ab.

Der Engel der Langeweile will dich mit dir selbst, mit deinem Herzen in Berührung bringen. Wenn du in dein Herz und in deine Seele schaust, dann wird dir nicht langweilig, dann langweilst du dich nicht mit dir. Vielmehr spürst du dich, und du entdeckst den Reichtum deiner Seele. Auf einmal wird es spannend. Denn du machst dich auf die Reise zu dir selbst. Gerade wenn du Langeweile hast, wenn du nichts zu tun hast, kannst du den Engel der Langeweile bitten, dich auf deiner Reise zu dir selbst zu begleiten.

Dann verwandelt der Engel deine Langeweile in eine erfüllte Weile, in ein Weilen bei dir selbst. Du spürst dein eigenes Leben. Du spürst dich selber. Da wächst etwas und kann kreativ werden. Und du beginnst, dieses Weilen bei dir selbst zu genießen. Und du kannst auch wieder neu auf deine Umgebung zugehen und sie mit deiner eigenen Lebendigkeit beleben.

10. Der Engel der Müdigkeit

Vielleicht will mich der Engel der Müdigkeit
einladen, andere Schwerpunkte in
meinem Leben zu setzen, neu nachzufragen,
ob das alles stimmt, was ich gerade tue.

*I*ch begegne vielen Menschen, die sich müde fühlen. Sie sind des Kämpfens müde. Sie haben in ihrer Partnerschaft für eine bessere Kommunikation gekämpft, für mehr Verständnis, für fairen Umgang miteinander. Aber alles hat nichts genutzt. Sie haben im Beruf für gerechtere Strukturen gekämpft, für neue Ideen. Immer neu haben sie sich engagiert. Aber alles war vergeblich. Jetzt sind sie müde. Sie wollen einfach nicht mehr. Müdigkeit legt sich wie eine schwere Decke auf sie. Sie haben oft auch zu anderen Dingen keine Lust mehr. Sie haben die Begeisterungsfähigkeit verloren. Sie leben einfach so weiter, resigniert und ohne große Leidenschaft.

Es gibt aber auch die andere Müdigkeit. Wenn ich mich in der Arbeit engagiert habe, wenn mir etwas gelungen ist, dann bin ich nachher redlich müde. Aber in dieser Müdigkeit spüre ich mich. Ich lege mich dann oft für eine Viertelstunde auf das Bett und genieße die Schwere der Müdigkeit. Da bin ich ganz bei mir. Ich habe das Gefühl, dass es sich gelohnt hat, mich müde zu arbeiten. Dann ist der Engel der Müdigkeit bei mir. Er umgibt mich und verwandelt meine Müdigkeit in ein Getragensein von Gott und in eine tiefe Dankbarkeit. Aber oft muss ich den Engel der Müdigkeit bitten, dass er zu mir kommt. Denn ich kenne auch die Müdigkeit, die mich herunterzieht, die mich lustlos macht, die mir die Begeisterung raubt. Dann brauche ich den Engel der Müdigkeit.

Wenn ich im Lehrerkollegium für neue Ideen eintrete und nur resignierte Reaktionen ernte – „Das hat doch alles keinen Sinn. Das bringt doch nichts. Das haben wir früher auch mal gedacht …" –, dann brauche ich einen Engel, der mich vor der Resignation bewahrt. Der Engel der Müdigkeit will mich aber nicht nur aufmuntern oder mich frischen Wind spüren lassen. Er will mir manchmal auch zeigen, dass meine Müdigkeit berechtigt ist. Vielleicht lohnt sich manches, für das ich früher gekämpft habe, wirklich nicht. Vielleicht will mich der Engel der Müdigkeit einladen, andere Schwerpunkte in meinem Leben zu setzen, neu nachzufragen, ob das alles stimmt, was ich gerade tue. Vielleicht will mir der Engel der Müdigkeit auch zeigen, dass ich momentan blind gegen die Wand laufe und einmal die Augen öffnen sollte, um zu sehen, ob es nicht andere Wege gibt, die mich und andere weiterführen.

Ganz gleich, welche Art von Müdigkeit ich gerade spüre, sollte ich den Engel der Müdigkeit als Ratgeber und Gesprächspartner bitten, mir zu zeigen, was mir die Müdigkeit sagen will, ob ich mich von lieb gewonnenen Projekten verabschieden sollte, ob ich mich neu motivieren sollte, mein Leben in die Hand zu nehmen und die Dinge, mit denen ich zu tun habe, neu zu gestalten. Der Engel der Müdigkeit will mir gerade, wenn die Versuchung der Resignation auftaucht, sagen, dass ich in dieser Welt einen Auftrag habe. Er will mich darin bestärken, diese Welt zu gestalten, mich dafür einzusetzen, dass sie menschlicher und barmherziger wird. Und er hilft uns dabei, lähmende Müdigkeit abzuschütteln und wieder mit meiner inneren Kraft in Berührung zu kommen, mit der Lust, etwas Sinnvolles in dieser Welt zu tun und diese Welt mitzugestalten. Und wir werden sehen, dass im Engagement alle Müdigkeit verfliegt und wir neue Kräfte in uns spüren.

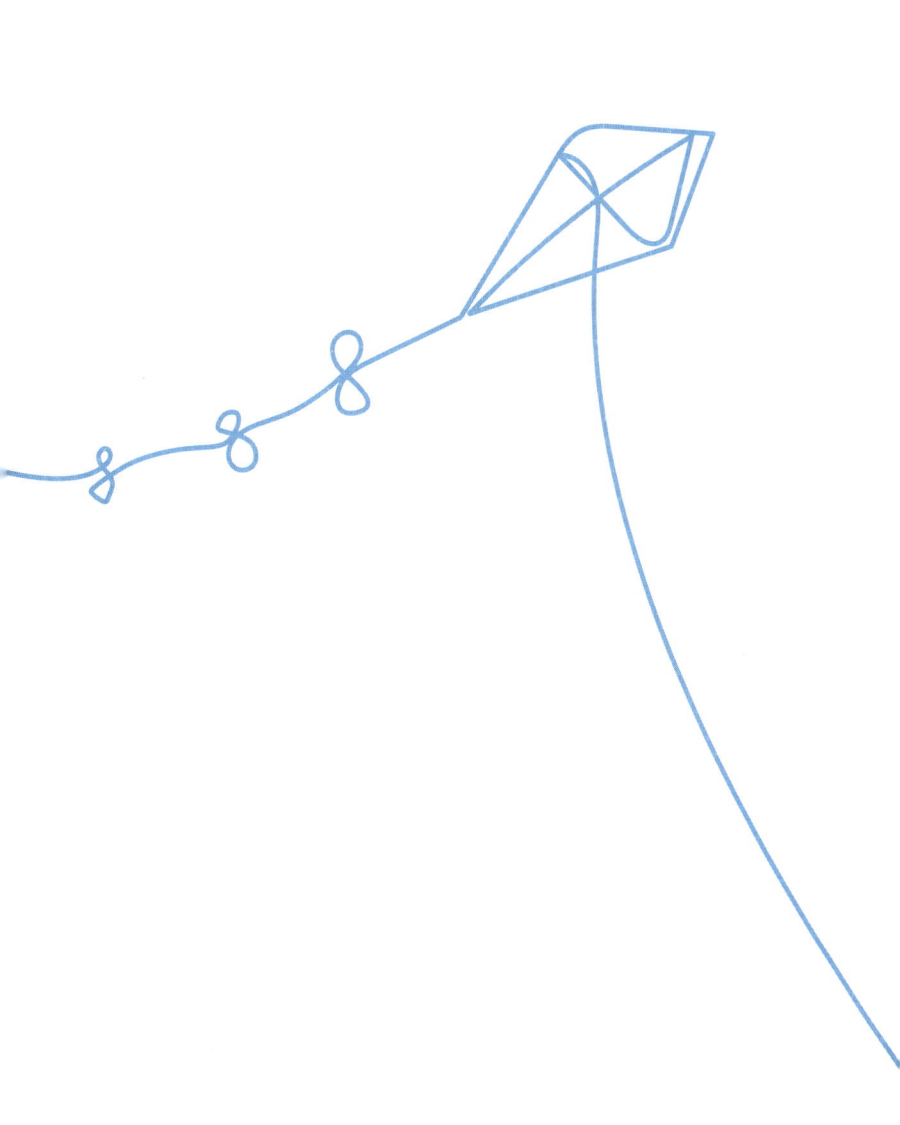

11. Der Warte-Engel

Der Warte-Engel möchte unser
Warten verwandeln. Er will uns
eine Chance geben.

*E*s kommt immer wieder einmal vor: Da verspätet sich ein Bus. Ein Zug ist ausgefallen und wir werden mit dem nächsten möglicherweise unseren Anschluss verpassen. Im überfüllten Wartezimmer des Arztes dauert es länger als geplant, bis ich an die Reihe komme. Oder beim Einkauf staut es sich vor der Kasse, weil jemand etwas vergessen hat. Autofahrer starren ungeduldig auf die rote Ampel und ärgern sich, wenn sie länger bei Rot stehen bleiben müssen, als sie sich das gedacht hatten.

Ärger kommt hoch, weil man nichts „machen" kann.

Viele Menschen tun sich schwer zu warten. Wenn sie im Supermarkt einkaufen, wechseln sie ständig die Schlange vor den einzelnen Kassen. Sie überlegen, ob es bei der einen Kasse zügiger geht als bei der anderen. Meistens nutzt aber das Wechseln nichts. Dann ärgern sie sich, wenn die Frau, die doch eigentlich nach ihnen kam, auf einmal früher fertig ist als sie selbst.

Ganz gleich, wo sich Warteschlangen bilden, überall gibt es ein Gedränge, allenthalben wächst die Ungeduld.

Das muss nicht so sein. In anderen Ländern ist das anders. Die Engländer etwa sind es gewohnt, Schlange zu stehen. Sie nutzen die Zeit, um mit ihren Nachbarn in der Schlange ins Gespräch zu kommen. Das ist für sie eher ein Ort, an dem man Kontakte genießt.

Der Warte-Engel will uns nicht den Blick dafür schärfen, wo wir am wenigsten warten müssen. Er ist kein GPS-System für den schnellsten Weg zum Ziel. Er weigert sich, uns die kürzeste Wartezeit zu vermitteln.

Der Warte-Engel möchte vielmehr unser Warten verwandeln. Er steht bei uns, während wir warten, damit wir das Warten als Gelegenheit nutzen, die uns geschenkt ist. Er will uns eine Chance geben. Es könnte die Chance sein, innezuhalten, aus der Hektik herauszukommen und jetzt einfach im Augenblick zu sein. Der Warte-Engel ermutigt uns, die Mitwartenden wahrzunehmen, er fordert uns dazu auf, mit ihnen ein freundliches Wort zu wechseln. Vielleicht entsteht dann ein schönes Gespräch, das uns bereichert. Und dann kann es durchaus sein, dass wir es auf einmal bedauern, dass wir schon an der Reihe sind. Das Warten hat uns auf einmal gar nichts mehr ausgemacht. Wir haben keine Zeit vergeudet, sondern etwas Wichtiges erlebt, indem wir uns auf die Situation und den Augenblick eingelassen haben. Wir gehen bereichert in unseren Alltag. Der Warte-Engel möchte also unser Warten verwandeln. Und er möchte uns zeigen, dass Warten zum Menschen gehört.

Wenn du das nächste Mal in einer Warteschlange stehst – im Supermarkt, vor einem Konzert an der Kasse –, schimpfe nicht, drängle dich nicht vor, und lass auch den Impuls, das zu tun, nicht hochkommen. Folge vielmehr dem Impuls des Warte-Engels: Versuche einfach, die Leute zu beobachten. Stell dir vor, was die Frau vor dir denkt und fühlt, wie es ihr geht, wonach sie sich sehnt. Beobachte den Mann hinter dir. Was bewegt ihn? Warum ist er so unruhig? Wohin möchte er? Was täte ihm gut? Dann versuche, innerlich all diese Menschen zu segnen, ihnen zu wünschen, dass sie mit sich selbst in Frieden kommen.

Stelle dir vor, dass Gottes Segen in diese Menschen einströmt und ihre Unruhe beruhigt, ihre Unzufriedenheit befriedet und ihre Trauer erhellt. Und sende mit dem Segen Gottes auch dein Wohlwollen zu den Menschen. Verurteile sie nicht, sondern sag dir, so wie Siddhartha in dem Roman von Hermann Hesse, vor: „Es sind Kindermenschen, genauso wie ich. Im Innersten sind wir alle gleich." Dann wirst du die Warteschlange nicht als negativ erleben. Du wirst dich eins fühlen mit all diesen Menschen. Und es wird dir gut gehen.

Wir alle sind immer Wartende. Wir haben nicht alles, was wir brauchen. Wir sind seit unserer Geburt auf andere Menschen angewiesen, genauso wie andere auf uns angewiesen sind, auf unsere Achtsamkeit und unsere Zuwendung. Und wir alle sind in unserem Leben immer angewiesen auf Gott. Wir halten Ausschau nach dem, was unsere tiefste Sehnsucht erfüllt. So führt uns der Warte-Engel in die Kunst des Lebens ein und in die tiefere Bedeutung des Wartens, das ein Urbild für uns Menschen ist.

12. Der Stau-Engel

Der Stau-Engel bewahrt mich nicht
vor jedem Stau, aber er bewahrt mich
vor dem inneren Ärger darüber.

Manchmal entstehen sie wie aus dem Nichts: Staus haben etwas Unberechenbares an sich. Da sind auf einmal zu viele Autos auf der Strecke. Oder ungünstige Witterung verhindert den Fluss des Verkehrs. Oder ein Unfall blockiert die Fahrbahn. Staus sind unangenehm und nicht vorherzusehen, sie gehören aber doch zum Alltag auf unseren Straßen. Wenn ich zu einem Vortrag fahre, fragen mich daher manchmal die Veranstalter: „Wie war die Fahrt? Sind Sie ohne Stau gefahren?" Manchmal sage ich dann: „Der Stau war auf der Gegenseite. Ich fahre immer mit dem Stau-Engel." Leider bewahrt mich der Stau-Engel nicht immer vor dem Stau. Aber oft genug erlebe ich es, dass im Radio ein Stau auf meiner Strecke gemeldet wird. Dann überlege ich, ob ich eine andere Strecke fahren soll. Doch oft bitte ich dann den Stau-Engel, mich zu begleiten, damit ich rechtzeitig zum Vortrag kommen kann. Und oft genug mache ich die Erfahrung, dass der gemeldete Stau ausgeblieben ist. Dann habe ich das Gefühl, dass mich doch ein Engel begleitet, der mich ohne Stress am Vortragsort ankommen lässt.

Manchmal ist kein Stau gemeldet. Und dann fahre ich auf einmal doch mitten hinein. Meine erste Reaktion ist dann immer Ungeduld. Doch dann wende ich mich an den Stau-Engel. Der beruhigt mich und sagt mir: „Nur Geduld. Der Stau wird schon nicht so lange dauern. Der Vortrag fängt sowieso nicht ohne dich an." Dann begleitet mich der Stau-Engel auch im Stau. Er bewahrt mich nicht vor jedem Stau, aber er bewahrt mich vor dem inneren Schimpfen darüber, dass ausgerechnet jetzt dieser Stau sein muss.

Neulich sollte ich in Österreich vor 5000 Lehrern einen Vortrag halten. Ich bin früh genug weggefahren. Doch, ohne dass ein Stau gemeldet worden wäre, saß ich auf einmal fest: in einem Stau, der vier Stunden dauerte. Da war kein Durchkommen mehr. Ich hatte mich unterwegs auf ein gutes Frühstück in einer Raststätte gefreut. Doch daraus wurde nichts. Schließlich habe ich den Vortrag per Telefon gehalten.

Zunächst war ich sehr enttäuscht über meinen Stau-Engel. Doch als ich hörte, dass sich mein Vortrag wegen der zu lang geratenen Vorreden einiger Politiker um eine ganze Stunde verzögert hat, hatte ich das Gefühl, dass es mein Stau-Engel doch gut mit mir gemeint hat. Wenn ich nach dem Vortrag nachts heimfahre, dann freue ich mich, zügig heimzukommen. Aber ausgerechnet dann gibt es manchmal Stau. Heimtückisch sind die Nachtbaustellen oder Schwertransporte, die nicht überholt werden dürfen. Da muss ich mich dann mit dem Stau-Engel anfreunden, damit er mir Geduld schenkt. Ich suche dann eine geeignete Bachkantate heraus und höre sie an. Und ich denke mir: Der Schlaf wird heute Nacht kürzer sein. Aber jetzt genieße ich, diese schöne Musik zu hören.

So wünsche ich Ihnen, dass Sie immer mit dem Stau-Engel fahren, dass der Stau-Engel Sie vor manchem Stau bewahrt und dass er Ihnen die nötige Geduld und Gelassenheit schenkt, gerade dann, wenn der Verkehr plötzlich stockt und alle zeitlichen Pläne, die Sie sich gemacht haben, ins Wanken kommen.

13. Der Engel des Zweifels

Der Engel sagt uns: Glauben und Vertrauen heißt immer, aus dem Zweifel in das Vertrauen hineinspringen.

*M*anche großen Versprechungen, die uns gemacht werden, sollte man ruhig hinterfragen. Und eine gewisse Skepsis leeren Worten gegenüber ist durchaus angebracht. Außerdem ist es immer gut, auch nach guten Gründen für eine Haltung oder eine Überzeugung zu fragen. Aber es gibt auch einen ungesunden und gefährlichen Zweifel. Zweifel können sich schleichend in uns hineinbohren. Oder sie können uns überfallen. Dieses Gefühl kann quälend sein und misstrauisch machen. Wir zweifeln dann an allen Worten, die andere uns sagen. Wir zweifeln, ob wir dem anderen wirklich vertrauen können. Wir zweifeln an einer guten Zukunft und können nicht mehr glauben, dass sich unser Leben zum Besseren wenden kann. Wir zweifeln sogar am Glauben. Vertrauen scheint auf einmal nicht mehr möglich. Ein solcher Zweifel kann uns innerlich zerfressen und uns sogar bis zur Verzweiflung treiben.

Um dem zu entgehen, wenden wir uns an den Engel des Zweifels. Mit ihm können wir der Gefahr begegnen. Der Engel des Zweifels geht in unsere Zweifel hinein. Mit ihm können wir über unsere Zweifel sprechen. Er erklärt uns den Sinn unserer Zweifel. Der Engel sagt uns: „Hab keine Angst vor deinem Zweifel. Er zeigt dir, dass du nie eine absolute Garantie hast, dass dein Glaube stimmt, dass die Worte des anderen stimmen, dass du diesem Mann oder jener Frau vertrauen kannst. Glauben und Vertrauen heißt immer: aus dem Zweifel in das Vertrauen hineinspringen."

Der Engel des Zweifels beruhigt dich in deinen Zweifeln. Aber zugleich gibt er dir den Mut, aus ihm heraus- und in das Vertrauen

hineinzuspringen. Er stößt dich an und will dir sagen: „Spring! Versuche es einfach einmal, zu vertrauen. Heb dir deinen Zweifel für morgen auf. Aber heute tue einfach so, als ob du diesem Menschen trauen, als ob du an die Worte der Bibel glauben könntest, als ob Gott mit seinen Zusagen wirklich da sei. Wenn du gegen deinen Zweifel kämpfst, wird er nur größer werden. Wenn du ihn zulässt, führt dich der Zweifel in einen vernünftigen Glauben."

Trau dem Engel des Zweifels. Er zeigt dir den Weg zu einem Vertrauen, das angesichts des Zweifels immer wieder neu errungen werden muss.

14. Der Engel des Schmerzes

Ich kann den Engel des Schmerzes bitten, seine Flügel über meine Schmerzen zu breiten und sie dadurch zu lindern.

Wenn wir unter Schmerzen leiden, dann ist das auf jeden Fall unangenehm. Aber dass wir sie spüren, hat durchaus seinen Sinn. Schmerzen sind ein Warnsignal und weisen uns auf Krankheiten hin. Ohne Schmerz würden wir die Krankheit überspringen – und das würde uns irgendwann zum Schaden gereichen. Wenn eine bestimmte Körperhaltung Schmerzen bereitet, lädt mich der Schmerz ein, eine andere Haltung einzunehmen. Der Schmerz will mir auf der einen Seite helfen, den Schaden zu erkennen, den der Schmerz anzeigt. Zum andern will der Schmerz mich ermutigen, den Schaden abzuwehren. Wer keinen Schmerz mehr empfindet, der kann auch keine Freude wahrnehmen. Wer keinen Schmerz empfindet, kann auch nicht mit anderen mitleiden. Er würde nur um sich selbst kreisen.

Aber es gibt eben auch Schmerzen, die mich überfordern. Zahnweh kann mich durchbohren. Da ist mein ganzer Körper Schmerz. Und ich kann mich nicht dagegen wehren.

Und es gibt Schmerzen, die nicht weggehen. Viele Menschen leiden heute unter chronischen Schmerzen. Sie gehen von einem Arzt zum nächsten, von einem Experten zum anderen und werden doch vom Schmerz nicht befreit.

Und es gibt die seelischen Schmerzen, wenn ein lieber Mensch mich verlassen hat, wenn ich innerlich verletzt wurde oder einfach nicht mit meinem Leben klarkomme.

Da bräuchte es den Engel des Schmerzes. Der Engel des Schmerzes lässt mich nicht allein mit meinen Schmerzen, weder mit den körperlichen noch mit den seelischen. Ich kann den Engel des Schmerzes

bitten, seine Flügel über meine Schmerzen zu breiten und sie dadurch zu lindern. Wenn jemand meinen Schmerz zärtlich berührt, verliert er das Bohrende und Überfordernde. Und ich brauche den Engel des Schmerzes, der mir den Weg weist, wie ich mich verhalten soll. Der Engel deutet mir den Schmerz, damit ich richtig darauf reagiere. Er ermutigt mich, auf den Schmerz zu hören, damit der Schmerz mir meine Grenzen aufzeigt und ich behutsamer mit mir und mit den Menschen meiner Umgebung umgehe. Der Engel des Schmerzes öffnet mich auch für die Schmerzen meiner Mitmenschen, dass ich mit ihnen fühle und ihnen helfe.

Der Engel des Schmerzes will mich in den inneren Raum meiner Seele führen, zu dem der Schmerz keinen Zutritt hat. Er zeigt mir einen Zufluchtsort, an den ich mich zurückziehen kann, um dem Schmerz für einen Augenblick zu entgehen. Von diesem Ort aus, an dem ich heil und ganz bin, kann ich mich dann dem Schmerz wieder zuwenden und auf seine Botschaft antworten. Auch chronische Schmerzen haben eine Botschaft für mich. Sie ermahnen mich dazu, nicht gegen den Schmerz zu leben, sondern mit ihm. Der Schmerz verweist mich dann auf mein wahres Selbst, das der Engel vor dem Schmerz schützt.

15. Der Engel
der Einsamkeit

Wenn der Engel der Einsamkeit dich befähigt,
gut mit dir selbst allein zu sein, dann wirst du
auch fähig für eine gute Begegnung.

Viele klagen heute über Einsamkeit oder ihr Alleinsein. Es sind keineswegs nur alte Menschen. Es sind auch Menschen, die niemanden finden, mit dem sie Nähe und Geborgenheit erleben können. Oder es sind Menschen, die sich ausgegrenzt fühlen. Oder Menschen, die von einem Partner verlassen wurden oder die eine schmerzhafte Trennung durch den Tod eines lieben Angehörigen erfahren haben. In solchen Situationen oder Momenten kann die Einsamkeit als Isolation schmerzhaft erfahren werden.

Einsamkeit hat dann ein dunkles Gesicht, wenn sie vor allem als Trennung von anderen erlebt wird – oft gerade in Zeiten persönlichen Umbruchs und der Krise, wenn die gewohnten Beziehungen nicht mehr selbstverständlich sind oder gar zerbrechen. Auch junge Menschen sind davon betroffen. Jugendliche, die dabei sind, ihren eigenen Weg zu suchen, die sich von ihren Eltern ablösen, erfahren es: dass es nicht nur schön ist, auf sich selbst gestellt zu sein. Eltern, deren Kinder „das Nest" verlassen, empfinden es oft ähnlich. Viele Menschen, die unter den Ansprüchen eines aufreibenden Jobs nicht mehr die Zeit finden, ihre Freundschaften zu pflegen und ihre Beziehungen zu kultivieren, klagen über die Erfahrung sozialer Isolation. Und in der Tat: Soziologen sagen, dass die Vereinzelung in unserer Gesellschaft fortschreitet. Wenn man hört, dass in fast 40 Prozent aller Haushalte in Deutschland nur noch eine Person lebt, dass es also Single-Haushalte sind, dann kann man schon auf den Gedanken kommen, dass die Einsamkeit in unserer Gesellschaft zunimmt. Einsamkeit ist aber nicht nur etwas Negatives. Wenn wir das Wort

„Einsamkeit" genauer anschauen, so hat es eigentlich eine positive Bedeutung. Denn darin steckt das Wort Eins, das mit Einssein und Einheit zusammenhängt. Ähnlich verstehen es die Lateiner, für die „unus" nicht nur ein Zählwort ist, sondern die Ahnung von Einssein, von „unitas". Das Suffix „-sam" kommt eigentlich von „sammeln" und bedeutet: „mit etwas übereinstimmen". Einsam meint also, dass ich mit meinem Einssein übereinstimme, dass ich alles, was mein Leben ausmacht, auch meine Fehler und Schwächen, in die Einheit mit mir hineingenommen, hineingesammelt habe. Alles in mir darf sein. Peter Schellenbaum hat weniger das Wort „einsam" meditiert, sondern das Wort „allein". Und er setzt der Klage über die Einsamkeit und das Alleinsein das Staunen darüber entgegen, wie wunderbar es ist: allein, all-eins, mit allem eins zu sein. Ich kann das Alleinsein als Qual erleben. Aber ich kann es auch bewusst wahrnehmen. Wenn ich mich allein fühle, gehe ich diesem Alleinsein auf den Grund. Und im Grunde fühle ich mich dann mit allem eins. Das war das Geheimnis der Mönche. Sie haben sich zurückgezogen. Sie haben sich getrennt von allen Menschen. Aber in dieser Einsamkeit erfuhren sie eine tiefe Einheit mit allen Menschen, ja mit der ganzen Schöpfung. So definiert Evagrius Ponticus den Mönch: „Ein Mönch ist ein Mensch, der sich von allem getrennt hat und sich doch mit allem verbunden fühlt." Wenn du dich einsam fühlst, dann bitte den Engel der Einsamkeit, dass er dich lehrt, dich mit deiner Einsamkeit auszusöhnen und alles, was in dir ist, auch den Schmerz über deine Einsamkeit, zu sammeln und in das Eine, in die innere Einheit deiner selbst hineinzuführen.

Der evangelische Theologe Paul Tillich meinte einmal: „Religion ist das, was jeder mit seiner Einsamkeit anfängt." Die Einsamkeit ist also eine Chance, mich für Gott zu öffnen. Dann fühle ich mich nicht allein, sondern all-eins, mit allem verbunden, mit den Menschen und mit der ganzen Schöpfung. Dann wird die Einsamkeit zu einem Einfallstor Gottes. Der Schmerz der Einsamkeit kann ein ganz realer sein. Aber er ist nicht das letzte Wort. Und er muss mich nicht lähmen. Der Engel der Einsamkeit führt mich durch den Schmerz der Einsamkeit hindurch in den Grund meiner Seele, in der ich eins bin mit mir selbst, einverstanden mit meinem Leben und eins mit allem, was ist.

Wenn der Engel der Einsamkeit dich befähigt, gut mit dir selbst allein zu sein, dann wirst du auch fähig für eine gute Begegnung, dann wirst du auch offen für eine gute Partnerschaft. Wer den anderen braucht, um seiner Einsamkeit zu entgehen, der benutzt ihn. Dann ist keine wirkliche Begegnung und Beziehung möglich. Der Engel der Einsamkeit möchte dich auch aus der Einsamkeit herausführen, damit du als einer, der gut allein sein kann, auch gerne mit anderen zusammen bist und die Gemeinschaft genießt.

16. Der Engel des Vergessens

*Ich bin dankbar, dass der Engel
des Vergessens mich dazu geführt hat,
ernsthafter über meinen Umgang mit der
Zeit nachzudenken.*

*I*ch habe einen Termin vergessen. Ich komme morgens ins Büro, und die Sekretärin erinnert mich an den Vortrag, den ich heute Mittag in einer 200 Kilometer entfernten Stadt zu halten habe. Ich hatte den Vortrag nicht richtig in meinen Kalender eingetragen. So stand da irgendetwas anderes drin. Und der Tag war schon mit anderen Terminen verplant. Es war mir peinlich, dass ich den Vortrag vergessen hatte.

Die erste Reaktion war: einfach absagen. Aber das war nicht so leicht. Denn am Vortragsort warteten schon viele Tagungsteilnehmer auf den Vortrag. Da habe ich Gott gebeten, mir den Engel des Vergessens zu schicken. Er hat mich dazu gebracht, mir mein Vergessen einzugestehen und das Beste daraus zu machen. Ich habe einige Termine umgelegt und konnte so doch zum Vortrag fahren. Die Teilnehmer waren zufrieden, ich selber nicht ganz. Aber ich habe dem Engel des Vergessens gedankt, dass er die Situation noch zum Guten gewandelt hat.

Bei der Rückfahrt vom Vortrag habe ich mich dann mit dem Engel des Vergessens unterhalten. Er hat mir deutlich gemacht, dass ich mir einfach zu viel aufgeladen hatte. Da war der Engel des Vergessens dazwischengetreten, damit ich konsequenter Nein sage und besser über meinen Terminkalender wache. Der Engel des Vergessens hat mich dazu geführt, einen wichtigen Termin zu vergessen, damit ich mich selber nicht vergesse, sondern gut bei mir selbst sein kann, dass ich achtsam meine Zeit nutze, aber die Zeit nicht über Gebühr mit Terminen strapaziere. Ich bin dankbar, dass der Engel des Vergessens mich dazu geführt hat, ernsthafter über meinen Umgang mit der Zeit nachzudenken.

Der Engel des Vergessens tritt aber nicht nur dann bei mir ein, wenn ich etwas vergessen habe, was mir peinlich ist. Manchmal kommt er auch zu mir, um mich zu befähigen, Dinge zu vergessen, die mich belasten. Gerade in einer Zeit, in der das Internet „nichts vergisst", lehrt mich der Engel des Vergessens, dass es auch eine Gnade des Vergessens gibt. So bitte ich den Engel des Vergessens, dass er mich befähigt, manche selbstquälerische Erinnerung zu vergessen. Ich erhoffe mir von ihm, dass er mich auch manche Kränkung vergessen lässt, die immer wieder einmal in mir hochkommt. Und ich bitte den Engel des Vergessens, dass ich eine traumatische Erfahrung vergessen kann, die mich manchmal in der Nacht heimsucht. Der Engel des Vergessens möge die Gnade des Vergessens über alles breiten, was mich belastet.

17. Der Engel der Verzagtheit

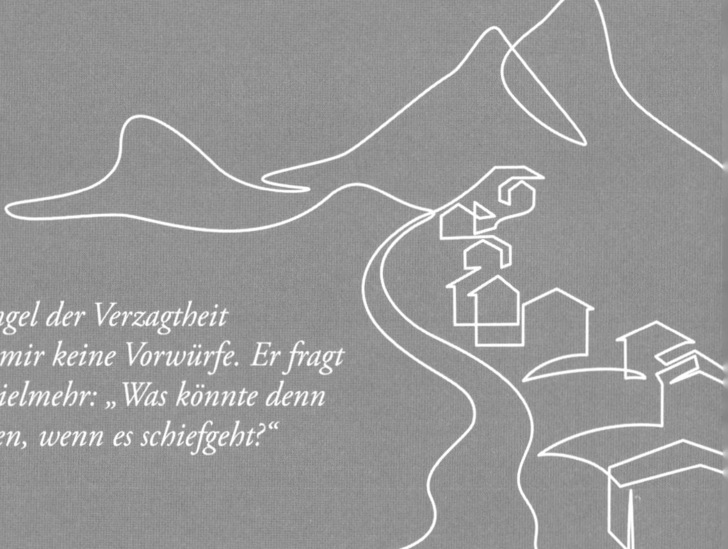

*Der Engel der Verzagtheit
macht mir keine Vorwürfe. Er fragt
mich vielmehr: „Was könnte denn
passieren, wenn es schiefgeht?"*

*D*er Dichter Paul Fleming (1609–1640) spricht in einem seiner Gedichte von dem „unverzagten Glück". Der Unverzagte weicht dem Glück nicht aus. Er ergreift es, wenn es sich ihm anbietet. Unverzagtsein – so glaubt Fleming – ist die Bedingung, um Glück erleben zu können. Dem Unverzagten steht das Glück zur Seite. Aber was sollen dann die Verzagten? Können sie ihre Verzagtheit einfach lassen? „Zag sein" bedeutet: „furchtsam sein". Manch einer geht verzagt an seine Aufgabe. Er hat keinen Mut, etwas Neues anzupacken. Er macht sich Vorwürfe, dass er keinen Mut hat. Aber der Vorwurf hilft ihm auch nicht weiter. Davon wird er nicht mutiger. Hilfreicher wäre es, sich an den Engel der Verzagtheit zu wenden, Gott darum zu bitten, den Engel der Verzagtheit zu schicken. Der Engel der Verzagtheit macht mir keine Vorwürfe. Er fragt mich vielmehr: „Warum bist du so verzagt? Was könnte denn passieren, wenn es schiefgeht? Achte nicht so sehr auf die Zuschauer, die dein Werk beurteilen. Bleib bei dir selber. Trau deiner eigenen Kraft. Trau deinen eigenen Ideen. Du musst nicht die Erwartungen der anderen erfüllen. Tu einfach das, was dir möglich ist."

Der Engel erlaubt mir meine Verzagtheit. Aber indem er mit mir spricht, relativiert er sie. Ich muss jetzt zwar nicht mit großem Schwung an die Arbeit gehen. Aber ich bin auch nicht mehr verzagt. Ich traue der Stimme des Engels der Verzagtheit: „Trau dich. Hab Vertrauen. Achte auf das, was du tust, und nicht auf das, was andere von deinem Tun halten." Die Stimme des Engels beruhigt mich. Sie lässt mich mitten in meiner Verzagtheit mit der Kraft in Berührung

kommen, die auch in mir ist, die ich aber vor lauter Furcht vergessen und übersehen habe.

Der Engel der Verzagtheit möchte mich befähigen, unverzagt mein Leben anzunehmen. Und er verheißt mir, dass sich dann auch das Glück mir naht. Denn wenn ich unverzagt in den Tag hineingehe, dann erlebe ich alles, was sich mir anbietet, als Herausforderung. Ich verliere die Angst vor dem Tag und kann mich auf ihn voll Freude und Lust einlassen. Und dann gewährt mir der Engel der Verzagtheit immer wieder Glücksmomente.

18. Der Engel der Feigheit

Wenn ich aus meinem Herzen heraus lebe, dann werde ich beherzt an alles herangehen, was sich mir heute zeigen wird.

*T*apferkeit ist eine der viel gerühmten Kardinaltugenden. Feigheit ist das Gegenteil davon. Aber sie ist menschlich – eine Haltung, die von fehlendem Mut oder von Angst bestimmt ist. Wer könnte schon sagen, dass er davon ganz frei ist? Manchmal ärgere ich mich, dass ich zu feige war, um dem anderen die ganze Wahrheit zu sagen. Ich habe mich herausgeredet. Ich habe gesagt, ich hätte keine Zeit zum Gespräch. Oder ich habe gesagt, ich könnte einen Vortrag nicht halten. In Wirklichkeit wollte ich für diese Gruppe gar keinen Vortrag halten. Denn ich fühlte mich von ihr vereinnahmt oder nicht ernst genommen. Aber ich war zu feige, den wirklichen Grund zu benennen. Das deutsche Wort „feig" heißt ursprünglich: „dem Tode verfallen, verdammt". Erst allmählich entwickelte sich die Bedeutung: „vor dem Tod zurückschreckend, ängstlich". Feige ist der, der Angst vor dem Tod hat. Doch es gibt genügend Gelegenheiten, in denen es nicht um den Tod geht, sondern um andere Dinge: Angst vor dem Urteil des anderen, Angst vor der Aggression des anderen, Angst vor dem eigenen Versagen. Weil es schiefgehen könnte, lasse ich es lieber ganz sein. Aber letztlich geht es auch da immer um kleine Tode: Das Bild, das ich von mir habe, könnte sterben. Meine Identität als starker, hilfsbereiter, entscheidungsfreudiger Mensch könnte sich auflösen. Vor diesem Absterben meiner Bilder von mir weiche ich ängstlich zurück. Da täte mir ein Engel gut, der mich versteht. Ein Engel, der weiß, wie wichtig mir meine Bilder von mir selbst sind. Aber indem er mich nicht wegen meiner Feigheit verurteilt, nimmt er meiner Feigheit ihre Macht. Er zeigt mir auf, dass es doch gar nicht so schlimm ist, wenn mein Bild von mir zerbricht, wenn der andere auch mal meine Schwäche wahrnimmt, wenn ich mir nach außen hin eine Blöße gebe. Ich darf mich den anderen zumuten, wie ich bin. Ich muss nicht immer dieses Bild aufrechterhalten, das ich selbst von mir habe oder das andere von mir aufgebaut haben. Es mag ruhig zerbrechen, sterben, damit das Eigentliche in mir zum Vorschein kommt. Der Engel der Feigheit macht mir Mut, authentisch zu sein. Wenn ich ursprünglich und authentisch bin, dann kann mir nichts passieren. Dann bin ich einfach. Was die anderen darüber denken, ist ihre Sache.

Der Engel der Feigheit befähigt mich zur gegenteiligen Haltung, zur Tapferkeit, zur Couragiertheit. Courage kommt von „cor = Herz". Der Engel der Feigheit möchte mich mit meinem Herzen in Berührung bringen, damit ich meinem Herzen traue und beherzt auf die Menschen zugehe, beherzt die Probleme anpacke. In der Feigheit bin ich im Kopf, der mir alle möglichen Gefahren vor Augen hält. Der Engel der Feigheit möchte mich in mein Herz führen. Wenn ich aus meinem Herzen heraus lebe, dann bin ich beherzt, dann werde ich beherzt an alles herangehen, was sich mir heute zeigen wird.

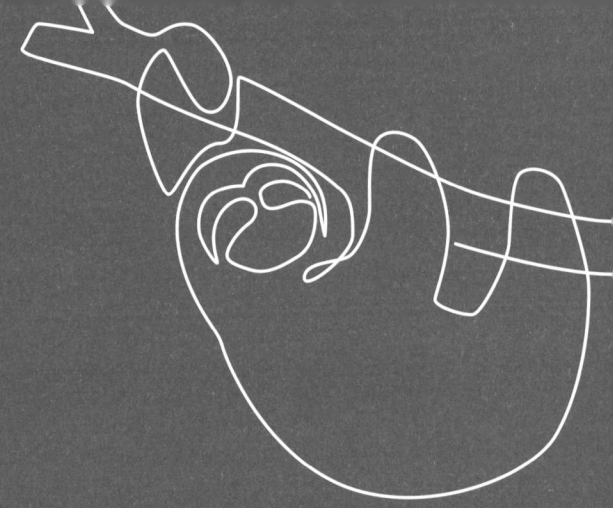

19. Der Engel der Faulheit

Der Engel der Faulheit lädt mich ein:
„Genieße es, dass du heute nichts tun musst.
Befreie dich von deinem inneren Antreiber.
Halte inne, um dich selbst zu spüren."

*F*aulheit hat in unserer Gesellschaft keine guten Karten. Ich selber bin normalerweise ein fleißiger Mensch. Und faule Menschen, die sich vor jeder Anstrengung scheuen, die nichts tun und trotzdem ständig jammern, dass sie zu viel zu tun haben, regen mich ziemlich auf. Aber wenn ich mich aufrege, spüre ich auch, dass die Faulheit der anderen ja auch auf eine Schattenseite in mir hinweist. Wenn ich ehrlich bin, dann kenne ich in mir auch das Gefühl von Faulheit. Ich habe heute Nachmittag gar keine Lust, etwas zu tun, an einem Buch weiterzuschreiben oder mich mit einem theologischen Thema auseinanderzusetzen. Oft habe ich dann ein schlechtes Gewissen, dass ich die vielen Anfragen, die ich habe, nicht erfüllen kann, wenn ich meiner Faulheit nachgebe.

Doch dann spreche ich mit dem Engel der Faulheit. Und der erlaubt mir meine Faulheit. Natürlich will er nicht, dass ich immer faul bin. Aber er sagt mir auch, dass Fleiß nicht alles ist, und er lädt mich ein: „Gönne dir mal, heute Nachmittag faul zu sein. Genieße es, dass du heute nichts tun musst. Befreie dich von deinem inneren Antreiber, der dich immer zu neuer Arbeit drängt. Definiere dich heute mal nicht von deiner Leistung her, sondern halte inne, um dich selbst zu spüren. Interessiere dich nicht so sehr für deine Arbeit und für die Menschen, denen du mit dem imponierst, was du schaffst und zuwege bringst. Interessiere dich einmal nur für dich. Was regt sich dann in deinem Herzen?"

Wenn ich so mit dem Engel der Faulheit spreche, spüre ich, dass das Nichtstun mir auch guttut. Ich erinnere mich dann an das Lob der

Faulheit, wie es die romantischen Dichter gesungen haben. Sie haben es damals gegen eine immer schneller werdende Welt angestimmt. Heute ist die Welt noch viel schneller geworden als zur Zeit der Romantik. Da bin ich dem Engel der Faulheit dankbar, dass er in mir dieses Lied der Faulheit, das Hohelied der Muße singt. Bei diesem Lied komme ich mit mir selbst in Berührung. Ich erlebe innere Freiheit. Ich definiere mich nicht mehr von dem her, was ich leiste. Ich bin einfach und genieße das Dasein. Das gibt mir dann auch wieder neue Lust zu arbeiten. Ich muss mich nicht zur Arbeit zwingen. Sie fließt dann einfach aus mir heraus, wenn ich dem Engel der Faulheit ein wenig zugehört habe.

20. Der Regenwetter-Engel

Der Regenwetter-Engel lässt uns
den Regen anders erfahren. Manchmal
belohnt er uns nach einem kräftigen
Schauer sogar mit einem Regenbogen.

Es gibt Menschen, die ihre seelische Verfassung vom Wetter abhängig machen. Aber nicht immer scheint die Sonne. Und wetterwendisch ist nicht nur der launische Monat April. Regen kann einen jederzeit und überall überraschen.

Als ich in Hongkong Vorträge hielt, wollten mir die Veranstalter die Stadt von oben zeigen. Wir fuhren mit der alten Zahnradbahn auf einen Berg, von dem aus man eine wunderbare Aussicht auf die Stadt mit ihren vielen Hochhäusern hat, und von wo aus sich der Blick auf die Umgebung der Stadt, auf den Hafen und das gegenüberliegende Festland weitet. Wir dachten, oben sei alles frei. Doch es war regnerisches Wetter. Und als wir oben ankamen, sah man nichts als Nebel. Kein Hochhaus war sichtbar. Die ganze Stadt war im dichten grauen Schleier verschwunden. Doch wir haben uns die gute Laune nicht verderben lassen. Wir haben einen guten Cappuccino getrunken und haben uns gut miteinander unterhalten. Manche sind in solchen Situationen enttäuscht und sauer. Sie haben einen Ausflug geplant, aber der Regen hat ihnen einen Strich durch die Rechnung gemacht. Entweder lassen sie den Ausflug ins Wasser fallen, oder sie schimpfen beim Ausflug ständig über das schlechte Wetter.

Statt zu schimpfen, täten sie besser daran, auf den Regenwetter-Engel an ihrer Seite zu achten. Der würde ihnen keineswegs nur rational begründen, dass der Regen der Natur guttut, dass das trockene Land schon lange auf den Regen gewartet hat. Denn solche Begründungen überzeugen uns nicht, wenn wir im Regen stehen. Der Regenwetter-Engel begegnet uns anders: Er zeigt uns die Schönheit des Regens.

Er macht uns deutlich, dass es eine eigene Qualität hat, im Regen zu wandern. Und wenn wir das wahrnehmen, dann können wir es auch genießen.

Es gibt kein schlechtes Wetter, sondern nur falsche Kleidung, sagt man. Wir brauchen, wenn es regnet, gute Schirme oder eine wasserdichte Kleidung. Im Gebirge bin ich mit meinen Geschwistern oft und gerne im Regen gewandert. Das hatte seinen ganz besonderen Reiz. Denn durch den Regen beginnt die Landschaft intensiv zu riechen. Es ist ein erfrischender Duft, der uns da auf einmal umgibt. Und wenn es heftig regnet, haben wir das Gefühl, dass der Regen nicht nur die Atmosphäre reinigt, sondern auch unsern Leib und unsern Geist.

Der Regenwetter-Engel spricht also nicht über den Regen, sondern er lässt uns den Regen anders erfahren. Wenn wir freundlich mit ihm umgehen, dann belohnt er uns manchmal nach einem kräftigen Schauer sogar mit einem Regenbogen. Dann bleiben wir staunend stehen und schauen in die Schönheit seiner Farben, in die sich das Licht der Sonne bricht. Dann taucht in uns die biblische Verheißung auf, dass Gott seinen Bund mit uns geschlossen hat. Und wir spüren die Gewissheit, dass wir immer und überall unter seinem Segen stehen.

21. Der Schnupfen-Engel

Am liebsten würde ich den Schnupfen-Engel bitten, dass er mir den Schnupfen möglichst schnell wegnimmt. Doch diesen Gefallen erweist er mir nicht. Er lehrt mich vielmehr Geduld.

Oft passiert es gerade im schönsten Frühjahr: Wenn das Brennen und Kitzeln in der Nase auftaucht, wenn Kopfdruck hinzukommt und plötzlich die Augen tränen, dann weiß man: Ein Schnupfen kündigt sich an. Normalerweise hasse ich den Schnupfen. Ich halte einen Vortrag und muss mir ständig die Nase putzen. Ich halte einen Kurs und greife ständig zum Taschentuch, weil die Nase läuft. Es ist mir peinlich. Aber es ist mir auch unangenehm, weil das ständige Naseputzen meine Nase angreift. Sie fühlt sich wund an. Objektiv ist der Schnupfen ja gar nicht so schlimm. Ich fühle mich trotzdem gesund. Die Stimme ist nicht in Mitleidenschaft gezogen. Aber dennoch mag ich den Schnupfen gar nicht. Und da spüre ich in mir auch eine Ungeduld: Jetzt könnte er doch endlich aufhören. Da brauche ich einen Beistand: den Schnupfen-Engel.

Am liebsten würde ich den Schnupfen-Engel bitten, dass er mir den Schnupfen möglichst schnell wegnimmt. Ich möchte doch ungehindert meinen Vortrag halten oder mich im Gespräch dem anderen zuwenden. Mein Gegenüber ist ja auch gestört, wenn er zuschauen muss, wie ich mir ständig die Nase putze. Doch diesen Gefallen erweist mir der Schnupfen-Engel nicht. Er lehrt mich vielmehr Geduld. Und Geduld ist nicht die Tugend, die mir von Natur aus in den Schoß gefallen ist. Der Schnupfen-Engel deckt mir zunächst auf, dass ich mich verschätzt habe. Ich hatte gedacht, ich würde gut für mich sorgen, ich hätte das richtige Maß beim Arbeiten. Die Arbeit würde mich nicht stressen. Ich lebe gesund. Doch der Schnupfen-Engel weist mich darauf hin, dass mein Immunsystem offensichtlich doch nicht so stabil ist, wie ich es gerne hätte. Ich bin doch anfällig für die Ansteckungskeime, denen ich ausgesetzt bin.

Und da kommt dieser Engel als Bote gerade recht. Er lädt mich ein, einmal innezuhalten, mir Zeit für mich zu gönnen. Gerade wenn der Schnupfen unangenehm wird, drängt mich der Schnupfen-Engel, mich länger ins Bett zu legen und mir Ruhe zu gönnen. Und er zeigt mir, dass ich nicht immer alles so planen kann, wie ich gerne möchte. Ich muss Rücksicht nehmen auf meinen Leib. Der Schnupfen-Engel erinnert mich daran, dass mein Leib auch meine Fürsorge und Pflege braucht. Ich kann mich nicht immer nur um andere kümmern. Er sagt mir: „Geh gut mit dir um. Gönne dir die Ruhe, die dein Leib dir nahelegt."

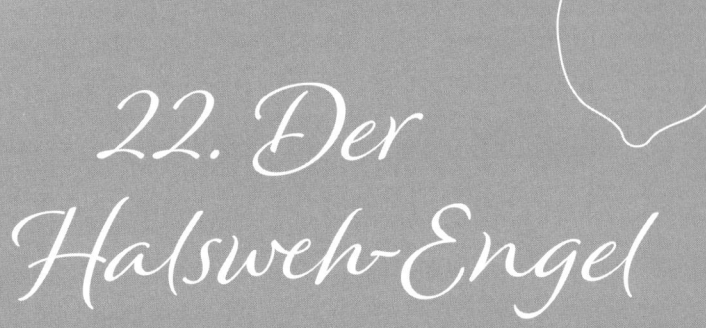

22. Der
Halsweh-Engel

*Es fällt mir nicht so leicht, auf den
Halsweh-Engel zu hören. Denn mein
Pflichtbewusstsein steht dagegen.*

*W*enn alle um mich herum vom Schnupfen geplagt werden oder Halsweh haben, wenn ein Teil meiner Mitbrüder mit Grippe ausfällt, dann bin ich oft stolz, dass ich gesund bin. Doch meistens kommt es anders. Denn gerade dann fängt oft auf einmal der Hals an zu kratzen. Ich nehme meine gewohnten Halsbonbons, doch es wird nicht besser. Es meldet sich eine Grippe an, die mich zwingt, etwas kürzerzutreten. Und manchmal äußert sich dann das Halsweh in Heiserkeit. Meine Stimme will einfach nicht mehr so, wie ich möchte. Trotzdem kann ich den Vortrag nicht absagen. Aber wenn ich dann mit meinem Halsweh und meiner heiseren Stimme einen Vortrag halte, denke ich mir manchmal: Was tue ich mir da jetzt an? Eigentlich sollte ich still sein.

Da bitte ich Gott, mir den Halsweh-Engel zu schicken, damit ich mit ihm Zwiesprache halten kann. Für diese Zwiesprache brauche ich meine Stimme nicht. Ich bitte den Halsweh-Engel, dass er mir trotzdem die Kraft schenkt, den Vortrag gut durchzuhalten. Doch von dieser Bitte ist der Halsweh-Engel gar nicht begeistert. Er mahnt mich vielmehr, auf meine lädierte Stimme zu hören und mir zu gönnen, einmal nichts zu sagen oder weniger zu reden. Auf diese Mahnung zu hören, fällt mir oft schwer. Aber manchmal ist der Halsweh-Engel so hartnäckig, dass er mir die Stimme einfach wegnimmt. Dann hilft kein noch so gutes Mikrophon mehr. Ich muss endlich die Mahnung des Halsweh-Engels ernst nehmen und mir eingestehen, dass ich jetzt einmal nichts zu sagen habe, dass die Leute auch ohne meine Worte glücklich werden. Es fällt mir nicht so leicht, auf den Halsweh-Engel zu hören. Denn mein Pflichtbewusstsein steht dagegen. Ich habe doch jemandem versprochen, einen Vortrag zu halten. Also kann ich nicht so einfach absagen.

Bisher hat der Halsweh-Engel immer auch Einsehen gehabt. Wir haben immer wieder einen Kompromiss gefunden. So hat er mir immer erlaubt, einen zugesagten Vortrag zu halten. Aber ich habe ihm dann zugestanden, nicht mehr so viel anzunehmen und wenigstens in anderen Bereichen möglichst wenig zu sprechen.

23. Der „Kein Netz"-Engel

Der Engel sagt mir: Manchmal ist es doch auch gut, nicht erreichbar zu sein. Sein Geschenk an mich ist die wunderbare Erfahrung einer größeren Freiheit.

*V*iele von uns haben sich längst an das Handy gewöhnt. Unsere moderne Kommunikation hängt von einer technischen Struktur ab, an die wir meist gar nicht denken, wenn wir telefonieren. So braucht es ein Mobilfunknetz, damit die Übertragung der Signale für den Mobilfunk überhaupt funktioniert. Manchmal ist der Zugang zu diesem Netz aber nicht möglich oder einfach gestört. Gott sei Dank bin ich nicht vom Handy abhängig. Ich habe es nur auf Reisen dabei, um bei eventuellen Verspätungen Bescheid zu sagen. Doch gerade im Ausland verweigert mir mein Handy öfter den Dienst. Da zeigt es einfach an: „Kein Netz verfügbar." Anrufe sind nicht möglich. Wenn ich bei einem verspäteten Flug daheim Bescheid geben will, ist einfach kein Netz da. Manchmal bin ich dann schon in innere Bedrängnis geraten.

Doch inzwischen bitte ich Gott, dass er mir den „Kein Netz"-Engel schickt. Und der relativiert die Notwendigkeit, jetzt unbedingt anrufen zu müssen. Er sagt mir, dass ich daheim ja immer noch anrufen kann, dass man mich später abholen soll. Oder, dass ich mit dem Zug fahren könnte. Oder er weist mich auf hilfreiche andere Menschen hin, deren Handy aufgrund einer besseren technischen Ausstattung in der Lage ist, von diesem entlegenen Ort aus nach Deutschland zu telefonieren.

Und der „Kein Netz"-Engel erzählt mir, wie es früher war, als man nicht von allen Orten aus anrufen konnte. Er erinnert mich daran, dass ich vor zwanzig Jahren gar nicht das Bedürfnis hatte, von Afrika aus anzurufen, dass ich heil angekommen bin. Damals hatte ich das

Vertrauen, dass die anderen davon ausgehen würden, dass alles gut geht. Und wenn etwas schiefginge, gäbe es sicher Möglichkeiten, sich bemerkbar zu machen.

Der Engel befreit mich von dem Drang, jetzt unbedingt ein Netz zur Verfügung haben zu müssen. Er sagt mir: Manchmal ist es doch auch gut, nicht erreichbar zu sein. Diese ständige Erreichbarkeit, das ständige Sich-Melden kann ja auch zu einem Zwang werden, der mich einengt. Der „Kein Netz"-Engel schafft mir einen Freiraum, der es mir erlaubt, jetzt einfach nur zu sein, einfach nur hier zu sein. Alles andere wird sich schon von alleine regeln, bzw. der „Kein Netz"-Engel steht dafür ein, dass es sich schon irgendwie regeln lässt. Sein Geschenk an mich ist die Gelassenheit und die wunderbare Erfahrung einer größeren Freiheit.

24. Der Engel des abgestürzten Computers

Der Engel zeigt mir, dass der abgestürzte Computer eine Einladung sein könnte, einmal etwas anderes zu tun. Ich muss jetzt nicht unbedingt weiterschreiben.

Ohne Computer könnten die meisten von uns nicht mehr leben. Und doch stehen wir manchmal auf Kriegsfuß mit diesem Gerät, das am Arbeitsplatz, aber bei vielen Menschen auch zu Hause steht. Bei einem Bekannten hängt über dem PC eine Karikatur. Da steht ein aufgeregter Mann neben seinem Computer, hält eine Pistole in der Hand, die auf den Bildschirm gerichtet ist, und sagt: „Wenn du nicht gleich tust, was ich sage, schieße ich!" Darin drückt sich ein Gefühl der Ohnmacht und der Aggression aus, das wir manchmal haben, wenn wir mit dieser Maschine, die für uns fast lebenswichtig geworden ist, nicht zurechtkommen. Wir verstehen nicht, wie sie funktioniert, und brauchen sie doch. Wir glauben, viel Zeit zu sparen und effizienter zu sein, wenn wir sie benutzen – und manchmal frisst sie doch nur unsere Zeit. Wir wollen sie gebrauchen und sind ihr doch ausgeliefert.

Ich arbeite in der Verwaltung des Klosters. Als Erstes fahre ich meinen Computer hoch, denn ich muss wichtige Mails erledigen: Ich muss einige Texte an den Verlag mailen, und ich muss die eingegangenen Mails beantworten. Doch dann will der Computer einfach nicht. Das Mail-Programm geht nicht, weil die Verbindung mit dem Server nicht aufgebaut werden kann. Ich ärgere mich: Jetzt verliere ich unnötig Zeit. Ein anderer Fall: Ich schreibe gerade einen Text. Auf einmal geht der Computer aus. Der Bildschirm verdunkelt sich. Alles wird schwarz. Ich weiß nicht, was passiert ist. Es ist Sonntag. Ich kann niemanden fragen, ob er mir den Absturz erklären oder den Fehler beheben kann. Dann ertappe ich mich, wie ich vor mich hin schimpfe. Und ich merke, dass ich mir keinen Gefallen tue.

Dann bitte ich den Engel des abgestürzten Computers, zu mir zu kommen, damit ich mit ihm reden kann. Der Engel zeigt mir, dass der abgestürzte Computer eine Einladung sein könnte, einmal etwas anderes zu tun. Ich muss jetzt nicht unbedingt weiterschreiben. Und wenn beim Absturz der Text der letzten Stunde verloren gegangen ist, ist das ja auch kein Weltuntergang. Vielleicht waren die Gedanken gar nicht so gut, wie ich dachte. Vielleicht wollte mich der Absturz des Computers davor bewahren, diesen Unsinn zu veröffentlichen. Ich merke, dass ich mich schwertue, auf den Engel zu hören, denn zu groß ist meine Ungeduld und zu groß der Drang, den Absturz als „Unfall" oder „Störung" zu sehen und möglichst bald wieder zu beheben.

Manchmal ist der Engel auch gnädig mit mir. Dann zeigt er mir einfach, wie der Computer wieder anspringen könnte. Da ich ihn weder an- noch ausmachen kann, nehme ich einfach den Akku heraus. Und wenn ich den Akku wieder anschließe, geht auf einmal der PC wieder. Warum, das weiß ich nicht. Aber der Engel hat mir einen Trick gezeigt. Und auf einmal denke ich: Mein PC war mir bisher immer so treu. Warum sollte er mir nicht auch mal zeigen, dass es nicht selbstverständlich ist, dass er immer funktioniert?

Dann bin ich meinem Engel dankbar, nicht nur dafür, dass der Computer wieder geht, sondern auch dafür, dass er mir die Augen geöffnet hat für das Geschenk dieses so treuen Werkzeugs.

25. Der Glatteis-Engel

Der Glatteis-Engel lehrt mich:
Geh langsam. Du kommst
dann schneller an dein Ziel.

Im Winter hat sich plötzlich über Nacht auf dem Boden eine Eisschicht gebildet. Da ist eine Pfütze in der Kälte überfroren. Oder es ist eine Reifglätte entstanden, weil die Temperatur des Straßenbelags unter dem Gefrierpunkt liegt. Der Boden ist rutschig geworden. Ich gehe aus dem Verwaltungsgebäude zur Garage, um mit dem Auto zu einem Vortrag zu fahren. Weil ich in Eile bin, passe ich nicht auf. Und schon stürze ich hin. Ich habe übersehen, dass es Glatteis gibt. Doch der Glatteis-Engel hat mich vor einem gefährlichen Sturz bewahrt. Es ist nichts passiert. Ich stehe gleich wieder auf. Es ist glimpflich ausgegangen. Aber der Glatteis-Engel stellt sich jetzt meiner Hektik in den Weg. Er mahnt mich: „Geh achtsam weiter. Schau genau hin, wo du auftrittst. Der Weg ist glatt. Du kannst leicht hinfallen. Und vor allem: Pass beim Fahren auf. Auch da könnte es Stellen auf der Straße geben, die glatt sind. Fahre behutsam."

Ich brauche diese Mahnung des Glatteis-Engels. Denn ohne ihn würde ich denken: Die Straßen sind ja alle geräumt. Ich kann so schnell fahren wie immer. Ich muss schließlich auch rechtzeitig beim Vortrag sein.

Es gibt Tage, da werden in die Krankenhäuser zahlreiche Menschen eingeliefert, die bei Glatteis gestürzt sind. Meistens sind sie schon auf ihrer Wohnungstreppe gestürzt, oder wenn sie vor ihre Tür getreten sind. Sie haben nicht aufgepasst. Sie haben nicht mit Glatteis gerechnet. Da wäre es gut, gemeinsam mit dem Glatteis-Engel vor die Tür zu treten und erst einmal genau hinzusehen, wie heute die Witterung ist, ob es glatt oder trocken ist.

Der Glatteis-Engel bewahrt nicht immer vor Stürzen. Aber er will uns unter die Arme greifen, damit wir langsam und vorsichtig auf die Straße treten. Wenn wir die ersten Schritte behutsam gehen, dann dürfen wir vertrauen, dass das Glatteis uns nicht schadet. Nur wer überstürzt aus seiner Wohnung tritt, ohne auf den Glatteis-Engel zu achten, der ist in Gefahr zu stürzen. Bei kalter Witterung, wenn überall Frost ist, dann möchte uns der Glatteis-Engel einladen, langsam zu gehen und auf jeden Schritt zu achten.

Er lehrt uns etwas, was uns auch sonst guttun würde: Achte auf deine Schritte. Jeder Schritt bringt dich ein wenig voran. Aber jeder Schritt will auch bedacht sein. Gehe nicht unbedacht, gehe nicht eilig. Geh langsam. Du kommst dann schneller an dein Ziel.

26. Der Krücken-Engel

Der Engel lehrt mich, dass wir Unterstützung brauchen in unserem Leben.

Mich persönlich hat der Krücken-Engel noch nicht besucht. Ich bin dankbar, dass ich mir noch kein Bein gebrochen habe. Aber immer wieder begegne ich Menschen, die an Krücken gehen. Nach der Operation brauchen sie diese Stützen, um sich sicher fortzubewegen. Oft erzählen mir diese Menschen, dass sie sich genervt fühlen, wenn jeder, dem sie begegnen, ein paar kluge Bemerkungen macht oder hämisch danach fragt, was denn passiert sei. Sie tun sich sowieso schon schwer, mit Krücken durch das Leben zu gehen. Sie ärgern sich selbst über das, was ihnen passiert ist. Und da sind sie nicht darauf erpicht, ständig Kommentare zu hören, die sie an ihren unglücklichen Fehltritt oder ihren Sturz erinnern.

Der Krücken-Engel wäre da ein besserer Begleiter. Er fragt nicht danach, was passiert ist. Er ist jetzt bei mir. Er zeigt mir, wie ich behutsam jeden Schritt setzen soll, wie ich die Krücken so verwenden kann, dass sie mir Sicherheit geben. Und der Engel lehrt mich, dass die Krücken auch ein Symbol dafür sind, dass wir Unterstützung brauchen in unserem Leben. Das Wort Krücke kommt von „Krummstab". Es meint ursprünglich den Spazierstock mit gekrümmtem Griff. Viele ältere Menschen nehmen gerne einen Spazierstock, um sicherer zu gehen. Sie haben gleichsam einen Begleiter, auf den sie sich stützen können, mit dem sie aber zum Beispiel auch lästige Hunde vertreiben können. Und dieser Stab, der uns begleitet, verweist uns auf Gott, von dem der Psalmist sagt: „Muss ich auch wandern in finsterer Schlucht, ich fürchte kein Unheil; denn du bist bei mir, dein Stock und dein Stab geben mir Zuversicht." (Ps 23,4)

So lässt mich der Krücken-Engel meine Krücken in einem neuen Licht sehen. Ich kann sie als den Stab sehen, mit dem Gott selbst mich begleitet, damit ich durch alle finsteren Schluchten dieses Lebens sicher zu gehen vermag.

Der Krücken-Engel öffnet mir die Augen, sodass ich meine Krücke anders anschaue. Sie ist mir Hilfe beim Gehen. Und sie weist mich darauf hin, dass es nicht selbstverständlich ist, dass ich bisher so gut gehen konnte. Der Krücken-Engel lädt mich ein, dem Geheimnis des Gehens nachzuspüren. Ich betrete mit jedem Schritt die Erde und löse mich wieder von ihr. Ich bin immer einer, der auf dem Weg ist und geht und im Gehen sich wandelt.

27. Der Engel der Arbeitslosigkeit

*Der Engel zeigt mir,
dass Menschsein mehr heißt,
als etwas zu leisten.*

*A*rbeit gehört zum Menschen wie das Fliegen zum Vogel, hat Luther einmal gesagt. Wir wollen etwas tun und unseren Lebensunterhalt damit verdienen. Wir wollen etwas gestalten und uns mit anderen in dem verwirklichen, was wir tun. Aber was ist, wenn es plötzlich keine Arbeit mehr für mich gibt? Die Firma, für die ich jahrelang gearbeitet und für deren Erfolg ich alle meine Kraft eingesetzt habe, ist in Konkurs gegangen. Die Konkurrenz war zu groß. Der Markt hat sich verändert. Ich habe mir nichts zuschulden kommen lassen. Trotzdem bin ich jetzt arbeitslos. Am liebsten würde ich es vor meinen Verwandten und Freunden verbergen. Aber es ist so. Mit 55 Jahren habe ich keine guten Chancen, wieder eine gute Arbeit zu bekommen. Und auf jeden Fall werde ich nicht mehr das Lohnniveau erreichen, das ich mir mühsam bei dieser Firma erarbeitet hatte. Die Arbeitslosigkeit drückt mich nieder. Sie raubt mir das Selbstwertgefühl. Auch mein Lebensrhythmus gerät ins Schleudern: Ich weiß nicht, was ich mit dem Tag anfangen soll.

So bitte ich den Engel der Arbeitslosigkeit, mir beizustehen. Mit ihm kann ich meine Situation besprechen, ohne begründen zu müssen, warum ich jetzt arbeitslos bin. Er versteht mich. Er kommt mit mir ins Gespräch, und im Gespräch weist er mich auch auf wesentliche Dinge in meinem Leben hin. Er zeigt mir, dass es nicht selbstverständlich ist, dass ich eine gute Arbeitsstelle habe, dass es nicht allein von meiner Leistung und von meinem guten Willen abhängt, einen sicheren Arbeitsplatz zu haben. Und dann weist er mich darauf hin, dass ich diese Zeit der Arbeitslosigkeit nutzen solle. Ich soll überlegen, was bisher in meinem Leben zu kurz gekommen ist. Welche Fähigkeiten habe ich außerdem noch? Was möchte ich denn noch mit meinem Leben anfangen? Welche Lebensspur möchte ich eingraben? Der Engel lädt mich ein, innezuhalten, um im Innern Halt zu bekommen. Wenn ich im Innern Halt gefunden habe, dann kann ich auch mit Vertrauen und Hoffnung nach außen gehen und die Dinge in die Hand nehmen. Der Engel verweist mich darauf, nie die Hoffnung aufzugeben, dass ich eine Arbeit finde, in der ich für andere einen wichtigen Dienst verrichten kann. Und er zeigt mir, dass Menschsein mehr heißt, als etwas zu leisten. Ich soll mit mir selbst in Berührung kommen, mit dem ursprünglichen und einmaligen Bild, das Gott sich von mir gemacht hat. Dann werden sich auch Wege eröffnen, wie ich dieses einmalige Bild für die Welt fruchtbar machen kann.

28. Der Schlüsseldienst-Engel

Der Schlüsseldienst-Engel bringt
Ruhe in eine aufgeregte Situation.
Und manchmal verwandelt er eine
tragische Situation in eine komische.

Manchmal spricht man von Schlüsselerlebnissen. Damit meint man besondere Erfahrungen, die einem etwas Wesentliches sagen, eine besondere Einsicht erschließen. Oft kommen solche Erlebnisse ganz unverhofft.

Meine Schwester arbeitete mit ihrem Mann draußen im Hof. Die Haustür stand offen, der Haustürschlüssel steckte innen. Die beiden Töchter waren im Haus. So witterten die beiden nichts Schlimmes. Doch meine Nichte sperrte aus Jux ihre Schwester in ihr Zimmer ein und lief nach draußen, um den Eltern ihren Streich zu erzählen. Dabei schlug sie die Haustür zu. Jetzt standen die drei konsterniert vor einer zugefallenen Haustür. Die Tochter, die in ihrem Zimmer eingesperrt war, konnte ihnen nicht helfen. Es gab kein Fenster, das offen stand, durch das man in die Wohnung hätte eindringen können, um sie von innen zu öffnen. So blieb nur die Möglichkeit, den Schlüsseldienst anzurufen. Obwohl es Sonntag war, kam er gleich. Der Mann vom Schlüsseldienst wurde zum Engel für die Familie. Aber natürlich kostete dieser Dienst auch sein Geld, das man eigentlich sonst gut hätte brauchen können. Der Schlüsseldienst-Engel selber arbeitet unentgeltlich. Er schließt uns nicht unbedingt die Tür wieder auf, die wir haben zufallen lassen. Aber er bewahrt uns davor, in Panik zu geraten oder die Tochter zu beschimpfen, die dieses Missgeschick verursacht hat. Der Schlüsseldienst-Engel bringt Ruhe in diese aufgeregte Situation. Und manchmal verwandelt er die tragische Situation in eine komische. Er brachte meine Schwester und die Familie dazu, dass sie über das Ganze lachen konnten. Aber anfangs war ihr gar nicht zum Lachen zumute. Sie war voller Ärger über ihre Tochter. Doch der Engel hat sie daran gehindert, ihrem Ärger freien Lauf zu lassen, der ja doch keinem gedient, sondern nur noch Porzellan in der sensiblen Seele der Tochter zertrümmert hätte. So hat meine Schwester auf den Schlüsseldienst-Engel gehört, der die Situation nicht nur äußerlich gelöst hat, sondern ihr auch eine andere Qualität geschenkt hat.

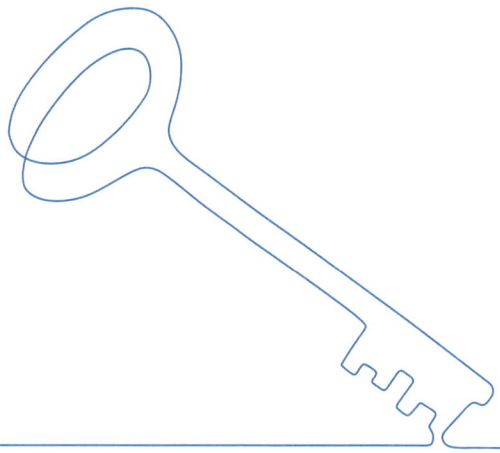

29. Der Albtraum-Engel

Oft können wir dankbar sein, dass der Albtraum-Engel uns im Traum eine wichtige Botschaft vermittelt hat, die uns jetzt weiterhilft, unseren Weg achtsamer und wacher zu gehen.

*D*ie Träume zeigen uns in Bildern den Reichtum und die Weite unserer Seele. Es lohnt sich, auf unsere Träume zu achten. Doch nicht immer sind sie angenehm.

Eine Frau wacht etwa mit dem Gefühl panischen Schreckens auf. Sie hatte einen Albtraum. Ihr Großvater und ihre Großmutter wurden im Traum in einen Sarg gesteckt. Man will den Sarg zumachen. Die Frau möchte im Traum aufschreien und sagen: Die sind doch noch gar nicht tot. Doch sie kann sich nicht bemerkbar machen. Ihre Stimme versagt. So wacht sie schweißgebadet auf und spürt noch den Druck auf ihrer Seele und eine schreckliche Angst. Sie meint, es sei ein Albtraum. Wir nennen solche Träume so, weil nach einer alten abergläubischen Vorstellung märchenhafte Wesen, die Alben (Elfen), für solche Träume verantwortlich sind, die nachts in menschenähnlicher Gestalt auf der Brust der Schlafenden hocken und ihn belasten. Wenn ein Traum uns schweißgebadet aufwachen lässt, dann haben wir den Eindruck, es sei etwas Schlimmes, das da auf unserer Seele gelastet habe.

Doch wir sollten dann lieber den Albtraum-Engel befragen. Er wird uns sagen, dass die Situation gar nicht so schlimm ist. Der Albtraum muss kein schlechter Traum sein. Der Engel wollte uns nur sagen: Du sollst da mal hinschauen. Es ist ein wichtiger Traum. Du sollst darauf reagieren. Als mir die Frau ihren Traum erzählte, riet ich ihr, sie solle ihn weiterträumen. C. G. Jung hat die Methode der aktiven Imagination entwickelt, in der man einen solchen Traum weiterträumt und mit den Personen, die im Traum aufgetaucht sind, spricht und sie fragt: „Was willst du mir sagen?" Oder man kann auch so damit umgehen, dass man einfach dem Traum seinen Lauf lässt. In dieser Übung hatten die Großeltern eine wichtige Botschaft für die Frau. Sie sagten ihr: „Wir freuen uns, dass du dein Leben so gut schaffst. Wir begleiten dich weiter auf deinem Weg." Der Engel hat dem Traum der Frau eine neue Deutung gegeben. Er hat den quälenden Albtraum in einen helfenden Traum verwandelt.

Wenn wir nach einem Albtraum aufwachen, ist es also immer hilfreich, den Albtraum-Engel zu befragen, was er uns sagen möchte. Dann reagieren wir nicht panisch oder ängstlich. Wir vertrauen darauf, dass der Engel uns die Botschaft des Traumes entschlüsselt. Vor allem nimmt uns der Engel die Angst und die Unruhe. Wir können ganz nüchtern die Traumbilder anschauen und den Engel befragen, was er uns damit sagen möchte. Oft können wir dann dankbar sein, dass der Albtraum-Engel uns aus diesem Trott herausgerissen und uns im Traum eine wichtige Botschaft vermittelt hat, die uns jetzt weiterhilft, unseren Weg achtsamer und wacher zu gehen.

30. Der Engel der Erschöpfung

*Im Gespräch mit dem Engel
entdecken wir, was uns guttut,
damit die innere Quelle nie versiegt.*

*I*mmer wieder höre ich Menschen klagen, dass sie völlig erschöpft seien. Sie sind erschöpft von der Arbeit, wenn sie abends nach Hause kommen. Sie sind nicht einfach nur müde, sondern erschöpft. Manche sprechen dann auch von Burnout. Sie sind ausgebrannt, leer, ohne Schwung, ohne Begeisterung. Sie sagen, dass ihre Batterien leer sind. Sie müssen sich zur Arbeit schleppen. Und nach der Arbeit haben sie das Gefühl, dass sie ausgepresst sind wie eine Zitrone.

Solche Menschen brauchen den Engel der Erschöpfung.

Er nimmt ihnen nicht einfach das Gefühl der Schwäche, der Abgeschlagenheit und des Unwohlseins weg. Aber er bespricht mit ihnen die Gründe ihrer Erschöpfung. Und er zeigt ihnen Wege, wie sie aus ihr herauskommen. Die erste Frage, die mir der Engel der Erschöpfung stellt, lautet: „Warum bist du erschöpft? Aus welcher Quelle schöpfst du?" Meistens ist der Grund der Erschöpfung, dass wir aus trüben Quellen schöpfen. Wir schöpfen aus der Quelle des Perfektionismus, des Ehrgeizes, des Druckes, den wir uns selbst auferlegen. Oder wir denken bei allem, was wir tun, ständig an die anderen und daran, wie sie uns beurteilen.

Das sind trübe Quellen, die schnell erschöpft sind. Der Engel der Erschöpfung möchte uns einladen, aus klaren Quellen zu schöpfen. So eine klare Quelle wäre die Quelle des Heiligen Geistes oder die spirituelle Quelle, die Quelle innerer Freude und die Quelle der Liebe. Die zweite Frage, die der Engel der Erschöpfung uns stellt: „Womit verbrauchst du deine Energie? Setzt du deine Energie wirklich für die Arbeit ein oder verbrauchst du vielleicht zu viel Energie, um deine

Fassade aufrechtzuerhalten oder um unangenehme Seiten in dir zu unterdrücken?"

Der Engel der Erschöpfung ermutigt uns, zu untersuchen, wie wir mit unserer Energie umgehen. Er fragt uns, ob wir nachhaltig leben oder ob wir unsere Energie zum Fenster herausblasen. Das geschieht, wenn wir unsere Kraft und Energie für Nebenabsichten verbrauchen, wenn wir sie etwa vor allem einsetzen, um Anerkennung durch andere einzuheimsen oder um eine Fassade aufzubauen, hinter der wir uns verstecken.

Der Engel der Erschöpfung fragt uns aber nicht nur, er gibt uns auch Rat. Und er zeigt Wege, wie wir wieder zu Kräften kommen können. Der erste Weg führt uns in den inneren Raum der Stille, in den Grund der Seele. Hier strömt die innere Quelle, aus der wir immer schöpfen können, weil es letztlich eine göttliche Quelle ist.

Der zweite Weg führt uns in die innere Klarheit, die uns bewusst macht, wo wir unsere Energie für Nebenabsichten verschwenden und nicht für die Arbeit, die uns am Herzen liegt.

Und der Engel der Erschöpfung lädt uns ein, immer wieder innezuhalten. Er rät uns, mit uns selbst in Berührung zu kommen, damit die Quelle in uns wieder strömen kann. Er rät jedem dazu, seinen eigenen Weg zu finden. Für den einen ist die Natur ein guter Ort, mit seiner Quelle in Berührung zu kommen, für den anderen die Musik, das Lesen, das Wandern.

Im Gespräch mit dem Engel entdecken wir, was uns guttut, damit die innere Quelle nie versiegt.

31. Der Engel des Streites

Der Engel des Streites stellt allein durch sein Zuhören meinen Starrsinn infrage.

*S*treiten empfinden wir meist als problematisch und unangenehm. Die deutsche Sprache bestätigt dieses Gefühl. Das Wort „Streit" geht auf die Grundbedeutung „Widerstreben, Starrsinn, Aufruhr" zurück. Einen Wettstreit empfinden wir positiv. Doch häufig entsteht der Streit aus Sturheit und Starrsinn. Weil ich an meiner Meinung festhalte, muss ich die andere bekämpfen. Weil ich mich an meinem Recht festklammere, muss ich dem anderen seine Position streitig machen. Im Streiten wollen wir recht behalten. Wir wollen als Sieger aus dem Streit herausgehen. Wir sprechen dem anderen das Recht ab, für seine Meinung oder Überzeugung zu kämpfen. Wir wollen uns durchsetzen, weil wir in unserer Sturheit überzeugt sind, dass nur wir recht haben.

Statt uns auf unser Recht zu fixieren und mit allen uns zur Verfügung stehenden Waffen zu streiten, sollten wir lieber den Engel des Streites bitten, uns beizustehen. Dem Engel des Streites lege ich meine Position dar. Und indem ich versuche, mein Recht zu begründen, merke ich oft schon, auf wie wackligen Füßen meine Argumentation steht. Solange ich gegen den anderen kämpfe, bin ich überzeugt, dass ich im Recht bin. Aber wenn ich dem Engel des Streites meinen Standpunkt erklären soll, komme ich in Erklärungsnöte. Auf einmal kommt mir meine Meinung und meine Position nicht mehr so klar und eindeutig vor.

Der Engel des Streites stellt allein durch sein Zuhören meinen Starrsinn infrage. Er stellt mir gar keine Fragen, sondern ermutigt mich durch sein Zuhören, mir selber klarer zu werden, was ich eigentlich

vertrete. Und vielleicht hilft mir das Gespräch mit dem Engel des Streites, meine eigenen Ansprüche zu relativieren. Ich teile dem anderen nicht mehr alle Schuld am Streit zu. Ich halte inne, überlege, warum wir eigentlich streiten. Und dann lasse ich mich vom Engel des Streites dazu führen, statt auf mein Recht zu pochen, wirklich ein Gespräch mit dem Streitgegner zu beginnen. Im Gespräch werde ich vielleicht entdecken, dass wir gar nicht so weit auseinanderliegen. Und im Gespräch kann auf einmal Gemeinschaft entstehen. Aus Streit, in dem ich absolut auf meinem Recht beharre, wird ein Miteinander-Suchen nach einem Weg, der beiden gerecht wird. Dieser Weg verteilt nicht die Schuldgefühle auf die beiden Gegner. Vielmehr sucht er eine Lösung, die eine neue Zukunft eröffnet.

32. Der Engel der Scham

*Der Engel der Scham möchte mich
dazu führen, mich selber anzunehmen,
so wie ich bin.*

*S*cham ist ein Gefühl, das wir als peinlich empfinden, das uns in Beklommenheit stürzt oder in Verlegenheit bringt. Wir fühlen uns bloßgestellt, vor anderen oder vor uns selber. Ich schäme mich, dass ich so unkontrolliert meine Emotionen herausgelassen habe, dass ich den anderen mit so verletzenden Worten bedacht habe. Ich schäme mich, dass ich versagt habe, dass ich diesen unverzeihlichen Fehler gemacht habe. Ich schäme mich auch, wenn ich von anderen beschämt werde, wenn andere über meine Schwächen in aller Öffentlichkeit reden. Da fühle ich mich in meinem Ehrgefühl getroffen. Die Scham zieht mich nach unten. Ich möchte mich am liebsten verstecken. Die Scham raubt mir meine Energie. Es ist auf jeden Fall ein unangenehmes Gefühl, das da in mir hochkommt und mich bestimmt.

In einer solchen Situation möchte ich den Engel der Scham bitten, zu mir zu kommen.

Wenn ich mich schäme, möchte ich mich am liebsten isolieren. Ich möchte die anderen nicht mehr sehen, weil sie meine Scham nur verstärken.

Doch vom Engel der Scham erhoffe ich, dass mir seine Gegenwart gut tut. Ich werde ihm erzählen, warum und über welches Verhalten ich mich schäme. Ich werde ihm alles offen hinhalten, was mich beschämt. Und ich vertraue darauf, dass der Engel der Scham mich nicht verurteilt. Er wird mir meine Scham erklären.

Die Scham hat ja auch eine gute Seite. In der Scham will ich mich schützen vor den schamlosen Blicken von Zuschauern, die nur danach gieren, meine Fehler zu entdecken.

Aber der Engel der Scham wird mir auch zeigen, wo es gar nicht notwendig ist, mich zu schämen. Ich soll vielmehr lernen, zu meinen Fehlern und Schwächen zu stehen, anstatt mich dafür zu schämen. Denn die Scham macht mir Angst und lähmt mich. Das Eingeständnis meiner Fehler und Schwächen aber befreit mich. Wenn ich mir selbst erlaube, dass ich nicht perfekt bin, sondern Fehler habe und Fehler mache, dann schaue ich auf mich ohne Scham. Scham hat immer etwas mit Verstecken zu tun. Adam und Eva haben ihre Blöße nach dem Sündenfall im Paradies mit Feigenblättern verhüllt, weil sie sich ihrer Nacktheit geschämt haben. Wenn ich aber zu meiner Nacktheit stehe, wenn ich dazu stehe, dass die anderen meine Wahrheit entdecken, dann brauche ich mich nicht zu schämen. Der Engel der Scham möchte mich dazu führen, mich selber anzunehmen, so wie ich bin. Dadurch befreit er mich von dem Aufwand an Energie, den die Scham für mich bedeutet. Diese Energie kann ich für mein Leben einsetzen, anstatt sie in die Scham fließen zu lassen, die mich lähmt. So wünsche ich Ihnen immer dann, wenn Scham über Sie kommt, den Engel der Scham. Er möge Ihnen beistehen, dass in seiner Nähe Ihre Scham sich in einen inneren Schutz vor schamlosen Menschen verwandelt. Und der Engel möge Ihnen die Augen öffnen, damit Sie alles an sich annehmen können, weil Gottes Licht in alle Ihre verborgenen und verhüllten Kammern ihres Leibes und Ihrer Seele eindringt und alles erleuchtet.

33. Der Engel der Geburtstagspanik

Vertrauen Sie darauf, dass der Engel Ihr neues Lebensjahr unter den Segen Gottes stellt, sodass Sie selbst zum Segen werden für viele Menschen.

*I*mmer wieder erzählen mir Menschen, dass sie schon mit Grauen an ihren Geburtstag denken. Gerade wenn es ein runder Geburtstag ist, löst das bei manchen eher Panik aus. Sie sind mit 30 nun nicht mehr Jugendliche, mit 40 beginnt die Lebensmitte, mit 50 gehört man schon zum alten Eisen und mit 60 macht sich das Alter bemerkbar. Mit 65 fallen viele in ein Loch, weil ihre Arbeit und Leistung in der Gesellschaft scheinbar nicht mehr gefragt sind. Für manche löst das neue Jahrzehnt, das sich bei ihnen anmeldet, Weltuntergangsstimmung aus. Oder sie verbinden es mit dem Sonnenuntergang über ihren Lebenstagen.

Die Geburtstagspanik kann aber auch anders aussehen. Da steht das Fest bevor und man zergrübelt sich den Kopf, wie man den Geburtstag feiern soll. Manche fliehen vor der Geburtstagspanik und feiern ihren Geburtstag gar nicht. Sie sind dann einfach auswärts und für niemanden zu erreichen. Andere verbrauchen sehr viel Energie, den Geburtstag zu organisieren. Es soll festlich sein, aber nicht zu viel Arbeit machen. Es soll nicht zu luxuriös, aber auch nicht zu kleinlich sein. Es sollen nicht zu viele Gäste sein, aber auch nicht zu wenige. Wen soll ich einladen? Wo soll ich den Geburtstag feiern? Anstatt also seinem Geburtstag mit freudiger Spannung entgegenzugehen, geraten viele eher in Panik, wenn sie an ihren Geburtstag denken.

Da bräuchten sie den Geburtstagspanik-Engel. Der Name ist schon so lang, dass Sie beim Anrufen dieses Engels schon etwas die Panik vergessen. Dann sollte man mit dem Engel der Geburtstagspanik besprechen, was einen da so in Panik geraten lässt. Ist die neue Zahl wirklich so schlimm? Darin verbirgt sich doch auch eine Chance. Es ist nicht nur etwas vorbei, das ich auf gute Weise verabschieden soll. Es schließt sich nicht nur eine Tür, eine andere tut sich zur gleichen Zeit auf. Es meldet sich auch etwas Neues. Mit 30 gelte ich schon als erfahren, mit 50 komme ich in einer neues Alter, in dem ich nicht mehr um Anerkennung kämpfen muss, in dem ich einfach sein darf und meine Erfahrungen einbringen kann. Und wenn sich die Panik auf die Gestaltung des Geburtstages bezieht, dann wird mir der Panik-Engel in aller Ruhe erklären, dass es die absolut richtige Lösung gar nicht gibt. Ich soll mir nicht den Kopf darüber zerbrechen, sondern einfach meiner inneren Stimme, meinem Bauchgefühl folgen und den Tag so gestalten, wie ich es in meinem Innern als richtig spüre. Wenn ich meinem Gefühl traue, dann werde ich innerlich ruhig und spüre Frieden in mir.

So wünsche ich Ihnen bei jedem Geburtstag, den Sie feiern, den Geburtstagspanik-Engel. Er bewahrt Sie davor, dass Sie schon bei der Vorbereitung in Turbulenzen geraten. Er bereitet Sie vielmehr darauf vor, dass Sie sich ehrlich auf Ihren Geburtstag freuen können. Ein solcher Tag ist die Chance, dass Sie dankbar zurückblicken auf Ihr Leben und dass andere Ihr bisheriges Leben würdigen. Und er ist die Chance, dass Neues in Ihr Leben einbricht und Ihr Leben bereichert. Vertrauen Sie darauf, dass der Engel Ihr neues Lebensjahr unter den Segen Gottes stellt, sodass Sie selbst zum Segen werden für viele Menschen.

Für jede Lebenslage

128 Seiten | Gebunden
ISBN 978-3-451-03425-1

Wie oft machen wir uns komplizierte Gedanken und damit das Leben
schwer ... Da bräuchten wir einen Helferengel, der uns zu neuer
Leichtigkeit verhilft. Anselm Grün macht uns in diesem Buch mit 33
himmlischen Boten vertraut, die uns zeigen, dass das einfache Leben
uns zur Zufriedenheit führt. Da ist der Engel, der uns hilft, anzupacken und die Ärmel hochzukrempeln, aber auch der Engel der Verlang-
samung, der uns zur Pause rät; der Engel, der anderen eine Grenze
zeigt, aber auch der Engel des Nachgebens. Alles hat seine Zeit. Und
jede Zeit, jede Lebensphase hält einen Engel für uns bereit.

In jeder Buchhandlung!

HERDER   www.herder.de